Das Buch

Mit diesem Buch schließt Ernst Herhaus seine Trilogie über »Alkoholismus und Selbsthilfe« ab. Sechs Jahre lang hat er in Gruppenselbsthilfe mit anderen seine Sucht eingekreist, um sich und seinen Lesern diese Krankheit erfahrbar zu machen. Zugleich waren diese Jahre erfüllt mit der Bemühung, dem alles lähmenden und verschlingenden Alkohol die eigene Sprache wieder zu entreißen, jene erzählerische Gabe, die mit jedem Glas sich weiter von ihrem Sprecher entfernt hatte. Wie die zurückgewonnene Sprache wieder verwendbar wurde, zeigen nun diese »Gebete«, die alles andere sind als Erbauungsstücke. Es handelt sich bei dieser sehr handfesten Chronik um Texte, die der Autor in bestimmten bedrängenden Situationen notiert hat, um aus der Gottesferne (die auch Menschenferne heißen könnte) wieder in die Weltnähe zu gelangen. Sie bezeichnen den Ort des Übertritts aus der Isolation in die Gemeinschaft.

Der Autor

Ernst Herhaus, geboren am 6. Februar 1932 in Ründeroth im Bergischen Land. Abbruch der Schulbildung, abgebrochene Verwaltungslaufbahn. Lebt heute in Frankfurt. Er veröffentlichte neben Hörspielen und Rundfunkessays die Romane: ›Die homburgische Hochzeit‹ (1967), ›Roman eines Bürgers‹ (1968), ›Die Eiszeit‹ (1970) und ›Siegfried‹ (1972, gemeinsam mit Jörg Schröder). Seinen Kampf gegen den Alkoholismus hat der Aut
ben: ›Kapitulation‹ (1977), ›De
und ›Gebete in die Gottesferne

[illegible]

[illegible]

[illegible] in drei Büchern beschrie- [illegible] Der zerbrochene Schlaf (1978) [illegible] (1979).

Ernst Herhaus:
Gebete in die Gottesferne

Deutscher
Taschenbuch
Verlag

dtv

Von Ernst Herhaus
sind im Deutschen Taschenbuch Verlag erschienen:
Kapitulation (1560)
Der zerbrochene Schlaf (1666)

Ungekürzte Ausgabe
September 1982
Deutscher Taschenbuch Verlag GmbH & Co. KG,
München

ISBN 3-446-12822-0
Umschlaggestaltung: Celestino Piatti
Gesamtherstellung: C. H. Beck'sche Buchdruckerei,
Nördlingen
Printed in Germany · ISBN 3-423-10015-x

Ruth,
meiner Mutter,
gewidmet:

O,Weib, was habe ich nur mit dir?
Angst Ergriffenheit und Liebe
bewegen mir Seele, Geist und Hände
und den Leib (Körper und Sprache) ohne Pause.

Wie schrecklich wirkt in mir dein Name, Mutter:
Anmut, Erfahrung, Freudigkeit, Mut, Rosenmund, Terror,
Ungeduld
heißen die sieben Siegel deines Namens;
sie erschufen und umketteten meinen Geist ohne Ende.

Aber drei Mal hat Liebreich, mein äsender Tod in mir,
ein Siegel in deinem Namen und dank deiner wilden Liebe
zerbrochen:
deine Freudigkeit hat Liebreich in mir zu hellerer Angst gemacht,
deinen Rosenmund in mir zu wogender Sprache, deinen Terror zu
Mut in mir.

INHALT

Erstes Buch
Gebete in die Gottesferne
9

Zweites Buch
Liebreichs Chronik
23

Anhang
Zum Abschluß der Trilogie
»Alkoholismus und Selbsthilfe«
189

Ausführliches Inhaltsverzeichnis
195

ERSTES BUCH
GEBETE IN DIE GOTTESFERNE

(1949–1977)

FLUGGESICHT

In einem Wasserbild sah ich Gott als bleibendes Geheimnis und mich als Staub eines vergänglichen Rätsels, Staub in einem rapide sich ausdehnenden Universum, dessen Ausdehnung ein Engel des Endes entgegenstürmte, mit einem Korn Wahrheit auf seiner Zungenspitze: Relativität der Zeit in herbeiwogender Zeitspaltung, nichtekstatisches Bild in einem baldigen Jahrtausend ganz anderer Phantasie, ernüchtert von Süchtigen und Nichtsüchtigen in einem anbrechenden Wasserzeitalter und einer Wissenschaft mit mehr spirituellem Realismus, und von Gott gehalten durch mehr Selbsthilfen auf dieser Erde.

Ich sah dieses Wasserbild in den Wettern meiner Kapitulation, aber es zermalmte mich, und die Schrecken und Schläge meiner Charakterfehler Hochmut, Jähzorn und Unberechenbarkeit auf meine kapitulierenden Reste waren so unnachsichtig, daß ich mich in einen Stein verwandelte, um nicht mehr zu trinken.

In diesem Stein sah ich mich als einen nackten Menschen. Ich sah drei Mützen auf meinem Kopf, eine Schneemütze, eine Schneemütze aus Angst, eine Glücksmütze, eine Glücksmütze aus Schmerz, und eine Stahlmütze, eine Stahlmütze aus Schwermut.

Da sah ich mich, mit meinen drei Mützen auf meinem von Krankheit zertrümmerten Kopf, herausgeschleudert aus der Nähe Gottes, sah mich, nackt und in einem rasenden Flug, dahinstürzen aus der Fülle meiner Nichtigkeit in auf mich zurasende Leere, sah mich fortstürmen aus Gottes Nähe in immer größere Gottesferne, nun schon seit meiner Geburt aus meiner Mutter.

Da riß mir der Zeitwind in herbeistürmender Zeitspaltung meine Schneemütze von meinem Kopf. Ich schoß nun nackt und nicht mehr mit drei Mützen, sondern nur noch mit zwei Mützen auf meinem zertrümmerten Kopf, in immer größer werdende Gottesferne. Aber mit meiner Schneemütze riß mir der Zeitwind auch meine Sprachangst vom nackten Leib. Da riß mir der Zeitwind, der ein Angststurm geworden war, auch meine Glücksmütze vom Kopf. Ich schoß nun nackt und nicht mehr mit zwei Mützen, sondern nur noch mit einer Mütze auf meinem Kopf, in immer größere Gottesferne. Aber mit meiner Glücksmütze riß mir der Angststurm auch meine Ohnmacht aus meinem Leib. Da riß mir der Angststurm, der ein Schmerzorkan geworden war im Herbeistürmen des Engels des Endes, nicht meine Stahlkappe aus Schwermut vom Kopf, sondern der Schmerzorkan schmolz mir, auf meinem rasenden Flug in immer größere Gottesferne, die Stahlkappe aus Schwermut um in eine Freudenkappe aus Leben im Heute.

Mir half kein Hoffen, mir half kein Wissen, mir half kein Schreien, mir half nie Verstummen, mir half nur Beten auf diesem rasenden Flug in immer größer werdende Gottesferne. Denn aus Mitschuld und in Mitschulderfahrung stürze ich dem herbeistürmenden Engel in mein Ende entgegen und nur aus Fremdhilfe, geistigen Hilfen von selbst dies noch verstehenden Nichtmitschuldigen an meiner Krankheit, rase ich Sterblicher noch lebendig in immer größere Gottesferne, aus dem Geschenk vielfältiger geistiger Fremdhilfe in das Geschenk einfältiger praktischer Selbsthilfe.

Seit dem Flug ohne Schneemütze betete ich in erinnernder

Sprache; seit dem Flug ohne Schneemütze und ohne Glücksmütze betete ich in erinnernder und in sprechender und in schreibender Sprache; seit dem Flug mit meiner Freudenkappe aus Leben im Heute bete ich im Heute. Zugehörig nirgendwo, ein Fremder in meinen eigenen Schuhen, eine Fliege in Selbsthilfe, nenne ich meine kirchenlosen Gebete meine Gottesliebe in Lumpen.

Gott, festige mein Gemüt zu demutsvoller Achtung vor allen, die anders glauben und vor denen, die nichts glauben. Umgürte meine Zunge mit tatkräftiger Hilfe für jeden Andersdenkenden und für sein Recht auf den von dir erschaffenen freien geistigen Willen aller. Meinen Blick enteise zu lächelnder Liebe zu denen, die sprachlich arm sind. Denn ich bin fragwürdiger als sprachlich Ärmere, mit dem inwendigen Stein auf dem Hundslager meiner nichtheilbaren, zum Stehen gebrachten Krankheit.

Nr. 1 Gebet am Feldrand (1949)

Lieber Gott, ich danke dir für deine Hilfe, die du mir durch andere Menschen geschickt hast. Du kennst meinen Traum. Beschütze alle und mich bereite zu für die Arbeit in meinem Traum.

Schaffe mir ein Bewußtsein vom Ernst meiner Lage. Gebe mir die Bereitschaft, in allen geistigen Dingen immer als ein vollkommen humorloser Mensch dazustehen. Denn nur du hast Humor, Gott, diesen über Zeit, Raum und Menschen wachenden heiteren Ernst; danke, lieber Gott.

Nr. 2 Gebet in meiner Kapitulation als Alkoholiker (1973)

Danke, Gott, daß ich das alles durchleben durfte, danke.

Nr. 3 Gebet im Suchtdruck (1973)

Gott, stoße mich durch meinen Suchtdruck in Hilfe für andere Kranke im selben Boot.

Nr. 4 Kampfgebet (1973)

Herrgott, gebe mir Kampfesmut, um in diesem Laden nicht rückfällig zu werden, Amen, Herrgott, und das für lange.

Nr. 5 Gebet im Mißtrauen (1973)

Hilf, Gott, einem Freund und mir über diese Runde, denn zwischen uns nistet Mißtrauen und wir können nicht miteinander sprechen.

Nr. 6 Lehmgebet (1973)

Gott, schütze Schneemienen durch Lehmmienen, Amen.

Nr. 7 Gebet im Nichtverstehen Gottes (1973)

Dich, Gott, verstehe ich nicht. So fühle ich mich fühlbar in der Nähe deiner Herrlichkeit, so ahne ich mich tiefer in der Nähe deines Willens.

Nr. 8 Gebet um Halt in Gruppenselbsthilfe (1974)

Gott, halte mich fest in der Selbsthilfe mit anderen Alkoholikern, so lange ich lebe.

Nr. 9 Gebet um einen fragenderen Geist (1974)

Gott, gebe mir einen fragenderen Geist – Abenteuer, beginne.

Nr. 10 Gebet in der Werkstatt der Phantasie (1974)

In der Werkstatt der Phantasie danke ich dir, Gott. Du kennst jede Krankheit vollkommen. Du kennst mein Sehnen vollkommen. Du belebst alle Selbsthilfen auf dieser Erde vollkommen. Lasse mich, aus der Heftigkeit meiner inneren Gebrechen und meiner Mängel, umso geduldiger das Richtige tun: das geringe Bessere, heute lasse es mich tun. In der Werkstatt der Phantasie danke ich dir.

Nr. 11 Wider Entrüstung (1974)

Lehre mich, Gott, über mich selber zu lächeln, anstatt über fremdes Anderssein mich zu entrüsten.

Nr. 12 Nimm Wohnung, Gekreuzigter, im Haus meiner Mängel (1974)

Nimm Wohnung, Gekreuzigter, im Haus meiner Mängel. Meine Liebe zu dir ist größer als meine Mängel. Mein Haus ist kalt und leer, aber meine Liebe zu dir ist nicht kalt, und sie ist nicht leer. Meine Liebe zu dir ist die Fackel des Nichts im Haus meiner Mängel, ein Schimmer der Freude durch meine Leere. Lasse mich unreinen Mann meine Wohnung für dich reinigen und schmücken mit festlicher Demut vor dir, mit kargen und aufrichtigen Zeugnissen von deiner Wirklichkeit in meinen Mängeln.

Nr. 13 Gebet um Wirkung (1974)

Gott, lasse mich kirchenlosen Einzelgänger meine beschränkten Gebete in meiner Krankheit weiterhin verrichten und überliefern, zur Ermutigung aller Andersdenkenden und zur Tröstung derer, die nichts glauben und die sich fürchten, ohne Glauben zu beten. Denn ich bete oft ohne Glauben, aber du, Gott, erschaffst meinen Glauben, da ich weiterbete. So gebe mir Geduld im Weiterbeten und lasse mich zu einem Minimum geistlicher Erkenntnis in denen beitragen, die meine Wahrheit brauchen: daß ich dich, Gott, brauche.

Nr. 14 Gebet um Vertrauen (1974)

Deiner Sorge, Gott, vertraue ich meinen Willen und mein Leben an.

Nr. 15 Gebet um Mut zum Möglichen (1975)

Gott, gebe mir den Mut, Dinge zu ändern, die ich ändern kann.

Nr. 16 Dankgebet in Freude vor Juliana von Norwich (1975)

Dir, Juliana, danke ich in Freude für dein Leben und Wirken in deiner Mauer. Dich liebe ich fest, leidenschaftlich und keusch. Dein holder Name erstrahle neu über die ganze Erde.

Nr. 17 Gebet um Freundschaft (1975)

Führe mich, Gott, in Freundschaft mit Süchtigen und mit Nichtsüchtigen.

Nr. 18 Inventurgebet (1975)

Gott, gebe mir Furchtlosigkeit durch Gewissenhaftigkeit bei innerer Inventur.

Nr. 19 Gebet im Faktor Zeit (1976)

Lehre mich, Gott, in Genesung und Liebe und Sprache den Faktor Zeit als Chance und nicht als Zumutung zu erleben.

Nr. 20 Auf der Schutthalde (1976)

Gott, mit Süchtigen und Nichtsüchtigen erwache ich immer illusionsloser auf der Schutthalde einer gemeinsamen Krankheit: geleugneten Abhängigkeiten, geleugneter Unterwürfigkeit und hemmungsloser Aburteilung anderer. Gebe mir Kraft zur Nichtüberhebung und zu nüchternen Selbstzeugnissen in dieser Hölle weit von uns gewiesener Krankheit, Amen.

Nr. 21 Dankgebet (1976)

Danke, lieber Gott, für die Genesung, die ich erfasse. Phantasierenden Dank aber für die in mir arbeitende Genesung, die ich noch nicht erfasse.

Nr. 22 Wider den Terror in mir selber (1976)

Gott, festige meinen Wunsch in mir, nie einem Menschen den Tod zu geben und nie einem Menschen den Tod zu wünschen.

Nr. 23 Gebet in der inneren Ummauerung (1976)
Gott, mache mich erzählerischer in meiner inneren Ummauerung, so mache mich freudiger für meine Freunde, ehrlicher zu mir selber, so entkränke meine Feinde.

Nr. 24 Gebet in Ungeduld (1976)
Gott, gebe mir Geduld, einem anderen Kranken zur Nüchternheit zu verhelfen und mich mache mitnüchtern.

Nr. 25 Gebet um einen Gesang (1977)
Wer nicht singen will in Angst, Schmerz und Sturm, Gott, der taugt nichts in seinen wahren Chancen. Da ich aber nur krächzen kann, so lasse mich, schreibend, wenigstens im Geist singen.

Nr. 26 Dankgebet (1977)
Danke, Gott, für den Funken Willensfreiheit zum Besseren.

Nr. 27 Gebet im Erleben der Machtlosigkeit (1977)
Gott, lasse mich wirken und nicht gewinnen, schaffen und nicht besitzen.

Nr. 28 Gebet um Nüchternheit (1977)
Lasse mich, Gott, von vorn beginnen mit meiner Hinwendung zu Nichtsüchtigen, ohne die ich das Ufer der Selbsthilfe mit Süchtigen nicht halten könnte.

Nr. 29 Gebet in beständiger Umsteigergefahr (1977)
Bewahre mich, Gott, vor neuem Umsteigen auf Tabletten, Entrüstung über Andersdenkende, Weltveränderungssucht, Leben im Gestern und Leben im Übermorgen.

Diese Umsteiger sind meine Ersatzmittel für Alkohol.

Darum bewahre mich vor der ersten Tablette heute. Sie löst in mir die selbe Persönlichkeitsveränderung aus wie das erste neue Glas Alkohol, und dann trinke ich Alkohol.

Nicht durch Selbstablenkung, Gott, sondern durch meine Hilfe für Leute in meiner Lage bewahre mich in der beständigen Umsteigergefahr, Amen.

Nr. 30 Gebet um mehr Wirklichkeitssinn (1977)

Beende, Juliana in der Mauer, meine Geringschätzung der Genesung, die eingetreten ist durch mein Leben im Heute.

Bewege mein Gemüt aufs neue mit deiner Demut, Holdselige.

Mäßige meine Ungeduld mit mir selber, denn dein Name entzündet mehr Freude in meinem Inneren als alle Wirklichkeit sonst. Aus deiner unzähmbaren normannischen Seele schimmert mehr Licht als aus allen Feuern der Weisheit, die kommen.

Nr. 31 Gebet im Verrutschen meines inneren Gesteins (1977)

Gott, lasse mich glanzlose Arbeit umso sorgfältiger machen, je glanzloser sie ist.

Nr. 32 Unterwegs zum Hengschan (1977)

Deinen Willen gebe mir zu erkennen, Gott, und gebe mir die Fähigkeit, ihn auszuführen.

Nr. 33 Dankgebet (1977)

Danke, Gott, für deine Führung in ganz anderer Anonymität.

Nr. 34 Gebet in Julianas Zelle in Norwich (1977)
Danke, Gott, daß ich diesen Ort unbetrunken erreichen durfte; danke, Gekreuzigter, daß du Juliana sicher gehalten hast bis zuletzt; danke Juliana, daß du uns deine Erfahrung, Kraft und Zuversicht mündlich und schriftlich und in so betroffener Erzählung überliefert hast.

Nr. 35 Gebet in der Nähe Julianas (1977)
Gott, ich bereue meine Sünden aufrichtig; Gekreuzigter, ich bereue meine unreine Sprache freudig; Juliana, ich bereue meine Unehrlichkeit gegen mich selber, um sie zu ändern.

Nr. 36 Gehaucht an die vier Wände Julianas (1977)
Ernüchterte Furcht verdanke ich deiner Liebe, Juliana. Geistigere Freude verdanke ich deinen drei Wünschen in deiner Kindheit. Anhaltende Gemeinschaft mit Kranken verdanke ich deinem Ausharren in deiner Zelle. Liebe im Heute verdanke ich deiner innigen Sprache, Juliana.

Nr. 37 Drei Bitten in Julianas Zelle (1977)
Gott, Juliana soll zunehmen, mich lasse abnehmen. Halte mich mein ganzes Leben sicher in Gemeinschaft mit anderen Kranken. Zum eigenen geistigen Nutzen und zum geistigen Nutzen anderer führe mich in immer reinere erzählerische Sprache.

Nr. 38 Du, neben mir (1977)
Vor Julianas Seele bekenne ich dir meine Angst. Vor Julianas Sprache bekenne ich dir meinen Schmerz. Vor Julianas Liebe bekenne ich dir meine Charakterfehler: Hochmut, Jähzorn, Unberechenbarkeit.

Vor dem Gekreuzigten versichere ich dir, daß ich Julianas Hilfe in überreichlicher Fülle geschenkt bekam, inmitten meiner Angst, für meinen Schmerz, zum Überleben im Heute trotz meiner Charakterfehler.

Was ich dieser Eingemauerten verdanke, wünsche ich dir in ebenso überreichlicher Fülle, Amen.

Nr. 39 Dankgebet im inneren Erwachen (1977)

Danke, Gott, daß ich das alles durchleben und aufschreiben durfte, danke, süchtige und nichtsüchtige Freundinnen und Freunde.

ZWEITES BUCH
LIEBREICHS CHRONIK

(1977–1978)

SAINT-JOHN PERSE: TROCKENHEIT

Wenn die Trockenheit auf Erden ihre Eselinnen-Haut ausgespannt haben wird und der weiße Lehm hart geworden ist rings um die Quelle, rosig dann wird das Salz der Salinen die roten Untergänge der Reiche verkünden und mannstoll das graue Weibchen der Bremse, ein phosphoräugiges Gespenst, die entkleideten Männer anfallen auf den Stranden... Scharlachfarbener Schlamm der Sprache, genug deines Prahlens!

Wenn die Trockenheit sich eingerichtet haben wird auf Erden, wird eine bessere Zeit für den Menschen kommen, zu trotzen und standzuhalten: freudige Zeit und Zeit des Übermuts für die großen Offensiven des Geistes. Die Erde hat sich ihrer Fette entledigt und vermacht uns ihre Knappheit. An uns nun ist es, den Stab zu ergreifen! Rückgriff auf den Menschen und freie Bahn!

Trockenheit, o Gunst! Ehre und Luxus der Besten! sag uns die Wahl deiner Erkorenen... Rassel Gottes, sei du Mithelfer uns. Das Fleisch hier war uns dem Knochen näher: Fleisch der Heuschrecke oder fliegenden Fisches! Das Meer selbst wirft uns die Weberschiffchen seiner Tintenfischknochen aus und seine Bänder welker Algen: Verfinsterung und Mangel in allem Fleisch, o Zeit gekommen, Zeit der großen Ketzereien!

Wenn die Trockenheit auf Erden ihren Bogen gespannt haben wird, werden wir dessen die schroffe Sehne sein und das ferne Schwirren. Trockenheit, unser Ruf und unsere Abkürzung... »Und ich«, spricht der Gerufene, »ich nahm meine Waffen in die Hände: Fackeln gereckt in alle Höhlen, und es erhelle sich in mir die ganze Weite des Möglichen! Gleichklang, der mich gründet, ist mir dieser ferne Schrei meiner Geburt.«

Deutsch von Friedhelm Kemp

Zum Gebet Nr. 1

Es war 1955, ich war dreiundzwanzig, auf der Flucht vor der Polizei, wie mir schien, in Wahrheit jedoch auf der Flucht vor mir selber, eine Marionette des Alkohols, ein wandernder Friedhof. Ich hatte Geld unterschlagen.

Die Kleinstadt, in der ich mich damals systematisch zu Boden trank, Geld unterschlug, war noch sehr wichtig. Dagegen, meinte ich, mußte man noch kämpfen. Das reicht, hoffe ich, als Beweis für die schwere geistige Krankheit Trunksucht.

Das Dorf, in dem ich die Kindheit verbracht hatte, war ungleich lebendiger gewesen. Dort wirkten Stille, Demut, Phantasie. Dort wuchsen Busch, Fettauge und Ginster, dort grielachten mundfaule Leute, sturmruhige Weiber und geschlagene Männer. Sie sangen schiefe Lieder in unserer kargen, grünen Wildnis und dort gab es auch nichtvermenschlichte Tiere. Im Dorf war Gott alles wert. Heilig auf Distanz und herbeiphantasiert mit scheuem Sehnen von den struppigen Frauen und krakeelenden Sturköpfen, hieß es aufgepaßt: wer mit Gottesbelehrung kam, hatte bei uns Ärger, denn wenn der Frohsinn zu ordinär wurde, gabs hart und kommentarlos auf die Ohren. Ach, wir waren beschränkt, aber wir hatten leise Lieder wilder Theorie, Liebe zu Gott in Lumpen.

Die Eintönigkeit im Dorf war keine Leere, sondern stille Bedeutungsferne, Herkunft unserer aufs Machbare gerichteten Phantasie. Gelächter auf eigene Kosten, nie auf fremde

Kosten. Diese schwierigen Sächelchen waren meine mir unbewußte Erbschaft.

Ich kam in die Kleinstadt und alle dort fühlten sich sehr wichtig. Da kam ich zu mir, in einer Verwaltungslehre, aus einem Schock: Wichtigtuer überall, im Büro nach oben beten und nach unten treten, und dieser Kleinstadtdünkel, ein Haufen informierter Mittelmäßigkeit, noch herausgeputzt mit Fünfzigerjahrekultur, dem Gestank einer Halbwelt, die das Geldmachen in den Rang des Wunders erhoben hatte.

In diesem Schutt der Rentmeister, Herr Walter, und eine Frau: Anna, Oberin der Schwestern im Krankenhaus. Herr Walter brach mir den Leib frei für den Psalm 139, von David. Schwester Anna brach mir den Sinn frei für den Verlauf der Kampffront zwischen Krankheit und Geschäft mit der Krankheit. Es zerriß mich, ich trank heftiger, unterschlug Geld, vertrank das Wenigste, schleppte den Rest ins heilige Köln, unter den Nachtstaat im Wirtschaftswunder, den hohnlachenden und hurenden Unflat, meine wahre Zuversicht. Dann flüchtete ich nach München. Dort bettelte ich. Trank weiter. Ich geriet in eine Schlägerei, hätte fast einen kalt gemacht, bin davongewankt.

Ich nahm eine Straßenbahn und fuhr in die Nähe des Stachus. Von einem Postamt rief ich Ulrich in der Kölner Bahnhofsbuchhandlung an. »Ich bin in München und muß sofort weg!« stieß ich hervor. »Hat die Polizei schon Wind?« fragte Ulrich. »Nein, viel gefährlicher: ich habe gesoffen und habe fast einen totgemacht, kaltblütig. Ich muß sofort weg hier«, sagte ich, etwas ruhiger, weil ich die Wahrheit sagte. Am liebsten hätte ich Ulrich, durchs Telefon hindurch, umarmt, weil er jemand war, dem ich das sagen konnte. »Verfolgen dich welche«, fragte er besorgt. »Ach, Unsinn, Ulrich, mit so ein paar Mutterstolztypen werde ich schon noch allein fertig, aber es ist gefährlich; mit dem Killer, der da in mir erwacht ist, mit dem werde ich nicht fertig – wenn ich nicht aufhöre mit dem Saufen und wenn ich nicht sofort das Gelände verlasse. Ich muß den ganzen Feldzugplan ändern und das sofort«, sagte ich. »Was willst du denn tun?« fragte Ulrich. »Beten und verreisen«, sagte ich spontan und schickte ein Stoßgebet auf die Reise.

Noch im Vorgang wurde mir schon leichter und Ulrich sagte: »Das Angebot, einige Zeit bei meiner Mutter im Bayerischen Wald zu wohnen, gilt noch. Soll ich meine Mutter anrufen?« – »Mache es jetzt gleich. In einer halben Stunde ruf ich dich wieder an. Wenn es in Ordnung geht, fahre ich sofort los«, sagte ich. »Jetzt kriegst du aber keinen Bus mehr nach Rimbach«, sagte Ulrich. Ich konnte bereits wieder versuchsweise lachen und sagte: »Wer Geld betteln kann, der bettelt auch eine Autofuhre. Du denkst doch nicht, daß ich mit einem Bus in den Bayerischen Wald zockel, vorher gehe ich dorthin zu Fuß. Nein, Ulrich, das ist nicht das Problem. Die Frage ist, ob es deiner Mutter recht ist, wenn ich komme?«

Wir beendeten das Gespräch und in der Wartezeit rief ich Aufmischer Jage in seiner Pokerkneipe an. Er war da. »Jage, bist du beschäftigt?« fragte ich. Er erkannte sofort meine Stimme und sagte: »Heut' gibts keine Brandblasen, alles in der Sause soweit.« – »Kannst du mich, eventuell, es wird gerade geklärt, in den Bayerischen Wald fahren? Aber es müßte sofort passieren, innerhalb der nächsten Stunde müßten wir los.« – »Haste Kummer mit der Impotenzbrühe?« fragte Jage. »Nein, Jage, ich habe fast einen kalt gemacht, erst richtig vermacht den Stiesel, und wie der fertig war, kam der Killerinstinkt hoch in mir. Ich bin abgehauen und jetzt ist der bloß erkältet. Ich muß weg, mir geht der

Arsch mit Grundeis.« – »Wo stehst du?« fragte Jage. Ich nannte ihm das Postamt. »Ich bin in zehn Minuten da«, sagte Jage. »Höre, Junge, bleibe erst mal bei deinem Poker. Falls ich aus Köln Bescheid habe, rufe ich dich an.« – »Gelaufen, Dichter«, sagte Jage und ich hing ein und rief Ulrich an.

»Ich habe mit meiner Mutter gesprochen. Sie freut sich, wenn du kommst. Sie lebt seit Jahren dort in Rimbach mit der Schwester meines Vaters und mit Herrn Heinz in völliger Einsamkeit, und nur von der philosophierenden Schweigsamkeit des Herrn Heinz kann selbst meine Mutter nicht ewig leben, obschon ja mein Vater auch immer nur geschrieben und so gut wie nie gesprochen hat. Du wirst also erwartet«, sagte er. »In einer Stunde bin ich unterwegs«, sagte ich.

Ich rief Aufmischer Jage an. Er holte mich in seiner Koberkalesche am Postamt ab und ich sagte ihm das Ziel. »Ich habe eine Karte besorgt. Das ist mir auch noch nicht passiert, nach Straßenkarte fahren«, sagte Jage und dann schoß sein Schlitten schon Richtung Passau und ich registrierte mit insgeheimer Verwunderung, daß Jage mit mir plötzlich anders redete als mit den Internierten aus seinen Nachtjackenkreisen.

Wir waren Leute in verschiedenen Exils, die sich verstanden, denn das Exil ist stärker als alle Klassenjargons, was einiges heißen will; in eurem Klassenjargon der Kaufmannskultur war Totschlag literarisch, während drei Sätze in einem ungewohnten Jargon bereits kalte Panik auslösten.

Jage und ich verstanden uns. Auf der Autoreise erzählte er mir und ich erzählte ihm. Wenn du wo fremd bist, so verstehe die Sprache deiner Umgebung und du wirst sicher sein wie in Abrahams Schoß. Sprich nur ruhig und unbefangen deine eigene Sprache, passe dich nie an, sprich wie du selber. Verstehe die Sprache der anderen und fürchte dich nie, weil du die Wörter nicht begreifst, erfasse die menschliche Notwendigkeit der anderen, so zu sprechen, wie sie sprechen, und verstehe sie in ihrer Gefangenschaft, dann verstehst du den Schmerz ihrer Sprachen. Du kannst so fremd sein, wie du willst, sie werden dich aufnehmen, prüfen und schützen. Aber wehe, du versuchst, dich anzupassen. Die Prüfung der Profis ist vernichtend. Verstehe den Schmerz in den Sprachen der anderen, bleibe in der Gefangenschaft deiner eigenen Sprache, das ist besser für dich, als von fremden Gefangenen geprüft und verworfen zu werden.

Jage sagte, als wir auf die Straße nach Kötzting einbogen: »Wir werden uns nie mehr sehen, du wirst nie mehr in meiner Pokerkneipe erscheinen und den Tüllen vom Ginster erzählen, du Hund.« Ich sagte: »Wenn wir uns nicht mehr sehen, Jage, dann grüße deine Tülle und sage ihr einen schönen Gruß vom Schluckspecht.«

Ich stand vor einem Holzhaus mit einem Balkon, ich nahm mir vor, hier keinen Tropfen zu trinken und wußte, daß das fast unmachbar war für mich, aber ich wußte auch, daß ich es versuchen würde. Ich ging zur Haustür und läutete. Ulrichs Mutter öffnete und begrüßte mich freundlich. Sie stellte mir das frühere Arbeitszimmer ihres Mannes zur Verfügung; seit seinem Ableben war es unverändert geblieben und von niemand mehr benutzt worden. Ulrichs Mutter sagte zu mir: »Mein Sohn sagt, daß Sie auch schreiben. Nun, dann nehmen Sie das Zimmer meines Mannes. Wir haben dort, seit er starb, nie jemanden einquartiert.«

Das Zimmer lag im oberen Stockwerk. Es hatte ein großes Fenster, aus dem heraus ich in ein Tal hinabblickte; die Wände waren aus Holz. Ich nahm aus dem Regal einige Bücher und studierte die Titel, die Impressa, die Anfänge der Sprachen, den Aufgang der Sprachen. Dann fiel mein Blick auf das einzige Bild an der Wand, eine Zeichnung von Alfred Kubin, unter Glas und in einem schmalen Rahmen aus Rosenholz.

Nachts las ich »Die neue Heloise. Briefe zweier Liebender aus einer kleinen Stadt am Fuße der Alpen«, gesammelt und herausgegeben von Jean-Jacques Rousseau. Mit 24 Kupfern von Chodowiecki und Gravelot. Es handelte sich um einen Neudruck unter teilweiser Benutzung der deutschen Ausgabe von 1761, erschienen 1920 im Pantheon Verlag in Berlin. Die Nacht in dem Zimmer des Vorbewohners, das Bild von Alfred Kubin, die Freundlichkeit, mit der ich aufgenommen worden war und die von Rousseau berichteten Liebesbegebenheiten brachten mich zu der Gewißheit, durch eine Änderung meiner Geisteshaltung in München einem Unglück entronnen zu sein. Das ließ mich in der Frühdämmerung einschlafen.

Meine Überzeugung, jene Änderung der Geisteshaltung aus eigener Kraft bewerkstelligt zu haben, erhielt in den folgenden Wochen einen entscheidenden Stoß: Mittags war Herr Heinz der regelmäßige Tischgast. Er war Postbeamter, pensioniert. Bei Tisch schweigsam, lud er mich eines Tages ein zu sich. Ich ging nach dem Essen mit ihm und betrat sein Zimmer am Rande des Dorfs; ich betrat eine Art Mönchszelle. Dort enthüllte mir Herr Heinz sein Leben in einer bis dahin niemals erlebten Komplexität, in mönchischen Regeln. Er wurde Postbeamter, um ein ruhiges und stetiges Leben zu beginnen. »Mein Interesse war es, mich, für Jahre ungestört, mit Werken der mittelalterlichen Mystik zu befassen«, sagte er. Das hat der Postbeamte Heinz dann getan.

Ich lernte nun und in der darauffolgenden Zeit einen Mann kennen, der still und unbeweibt und in freier Ausübung seines höchsten Interesses lebte, in froher Askese. Ich entdeckte einen vitalen Menschen in Askese, denn Freiwilligkeit, Vitalität und Enthaltsamkeit im Interesse geistiger Fragen, das ist Askese – alles sonst bleibt leerer und trostloser erzwungener Verzicht, Impotenz.

Ich fragte Herrn Heinz an einem unserer Nachmittage, wie er denn nun, nach dreißig Jahren eines solchen Lebens, seinen damaligen Entschluß beurteile. Daraufhin erzählte der Beamte Heinz mir von Teresa von Avila und von Meister Ekkehard: »Als ich jung war, war ich sehr unglücklich. Nur mit einem Akt der Barmherzigkeit Gottes vermag ich es mir zu erklären, daß ich damals das Glück hatte, das Ausmaß meines Unglücks auch zu verstehen. Dann suchte und fand ich einen Broterwerb, der mich ernährte und nie quälte. Ich ging diesem Erwerb ruhig nach und beschäftigte mich in meiner freien Zeit mit den Mystikern. Durch die Arbeitszeit erlebte ich meine Freizeit als persönliche Freiheit. Meine Beschäftigung mit den Mystikern hatte einen persönlichen Grund. Ich entdeckte, daß das unmittelbare Erleben Gottes im einzelnen Menschen eine größere Dauer bekommt als alle anderen Ereignisse in der Geschichte. Dem wollte ich nachgehen und fand nun in den Mystikern Leute, die auch davon berichtet haben, von genau diesem Punkt. Teresa von Avila, Meister Ekkehard, Mechthild von Magdeburg, Gregor von Nyssa und viele andere haben diesen Punkt deutlich gemacht. Ohne deren Hilfe wäre ich seelisch abgestorben. Mein Grundgefühl heute, wo ich nun älter werde, ist Dankbarkeit denen gegenüber, die Gott nicht scholastisch und nicht dogmatisch und nicht in Form allgemeiner Bevormundung, sondern im persönlichen Zeugnis überliefert haben und die ihn heute in dieser Weise überliefern, aus ihrem eigenen Erleben. Und zu diesem Grundgefühl gehört auch die Freude, daß mein Leben bis heute ohne laute und ohne dramatische Dinge möglich blieb.«

Ich hatte das Gefühl, daß der Postbeamte Heinz ein Mönch war und daß er, in richtiger Einschätzung der Jetztzeit, ein Beamtenleben gewählt hatte, um Mönch sein zu können. Da erzählte ich ihm aus meiner Kindheit im Dorf in Westfalen.

Meine Mutter, Lieblingstochter meines Großvaters Karl, der das Leben eines selbstbewußten Landmannes lebte, Ruth hielt es in Gottesfragen mit der Phantasie. Karl, von Ruth in Anwandlungen sardonischer Liebe das Hohe Vieh genannt, Karl hatte sich, vor die Alternative von Selbstbewußtsein oder Geschichtsbewußtsein gestellt, für ein Selbstbewußtsein im Interesse seiner Genußkraft entschieden. Von Gott sprach das Hohe Vieh nicht, aber zu Liebreich, dem Tod, und zu Sterns Christian, dem Halbbruder Gottes, hatte mein Großvater respektvolle und intensive phantasierende Beziehungen. Ruth, verwöhnt von Karl und nicht faul im Kopf und von leidenschaftlichem Naturell, machte um den Namen Gottes ebenfalls einen achtungsvollen Bogen und selbst von Liebreich und von Sterns Christian schwieg sie, als wären das Erfindungen ihres Vaters, dem sie oft »grandseigneurale Sachen« attestierte.

Wilm, mein Vater, hielt selbst religiöse Selbstbescheidung für fragwürdige Anmaßung. Er redete nie von Gott, aber er sagte, es gäbe etwas, größer als der Mensch, das sei »ja nun wohl vollends klar«. Und dieses Größere als der Mensch wirke übrigens auch mit einem hellen und geheimnisreichen Willen auf uns ein, nämlich in der Kunst, geistvoller und erlösender Zurechtrückung des puren Geschäftsgeistes. »Nichts gegen Geschäftsgeist, aber der pure Geschäftsgeist ruiniert jeden sinnvollen materiellen Gewinn«, sagte Wilm, in den Sternstunden, in denen dieser Maßvolle überhaupt etwas sagte. Dieser helle Mann gab mir das Gefühl ein, Gott wirke nicht nur durch Kunst auf uns, sondern auch durch Menschen, durch Leute, zum Beispiel, wie ihn.

Wilm war, wie meine Mutter und auch ich, evangelisch, aber wir gingen nicht zur Kirche. Indessen redete Wilm niemals gegen die Kirche. Er sagte: »Seine Beziehungen zu Gott sollte jeder nach seinem klügsten und geduldigsten Ermessen selbständig regeln. Jede fremde Einmischung in diesen Dingen führt nur zu mehr Unfreiheit.«

Ich verstand als Kind, daß sowohl Ruth als auch Wilm keineswegs aus Gleichgültigkeit diese Zurückhaltung übten und darum stellten sich in meiner Phantasie alle Dinge, die mit Gott zu tun hatten, in höchstem Glanz dar.

Ich buchstabierte mir den Namen Gott, im Ginster liegend und träumend, an meinen dicken Angstfingern aus den Anfangsbuchstaben des Alphabets. Das Alphabet, so das Hohe Vieh, war die Architektur der menschlichen Erkenntnis, die Reihenfolge der Buchstaben im Alphabet war kein Zufall. Das glaubte ich dem Hohen Vieh sofort.

So buchstabierte ich nun, im Ginster phantasierend oder schlafend oder träumend, wer will das noch wissen, den Namen Gottes so: G wie Gott, O wie Ordnung, T wie Tod, T wie Traum. Der Traum kam nach dem Tod, so zeigte es mir das Alphabet. Daß dies kein Zufall sei, daran glaubte ich als Junge, beim Buchstabieren im Ginster, mit sehnender Freude, beginnender inwendiger Festigkeit. Damals wurde der Quell der Sprache im Fels meiner inneren Mängel, exaktes Phantasieren, aufgetan. Schon vorher einmal, beim

Klang einer bestimmten Musik, fühlte ich die Wirklichkeit des Daseins Gottes. Nun kam die Sprache.

Im Nachbardorf, dem Bingenhof, wohnten die Eltern Wilms, meines Vaters. Ich hatte bald holde Namen für die Großeltern. Anna Ärmlich nannte ich insgeheim meine Oma, Fritz von der heiligen Apathie den Opa. Das war sehr einfach so gekommen: Unter den wenigen Büchern Wilms fand ich eine alte Scharteke, las auf dem Titelblatt mit befremdendem Entzücken ›Stephan v. Apathie, Organbetrachtungen, Budapest und Wien‹. Das Wort Apathie faszinierte mich. Ich lief mit meinem Fund zu Wilm und fragte ihn, was das sei, Apathie? Wilm antwortete: »Apathie? Nun, zunächst ist das der Name des Verfassers dieser Organbetrachtungen. Er war Professor an der Universität Szeged, in Südungarn. Physiologe. Ein Aristokrat, dem die andere Bedeutung seines Namens kaum entgangen sein dürfte.« – »Welche andere Bedeutung denn?« fragte ich stürmisch. Wilm sagte: »Apathie ist Trägheit, gefährliche Gleichgültigkeit«. Er schien zu überlegen, dann fügte er hinzu: »Übrigens auch Gleichgültigkeit in sexuellen Dingen.«

Es war für mich einfach zu viel, hirnspülend abenteuerlich. Jetzt wurde mir des Opa Fritz Gleichgültigkeit faszinierend, weil ich ein Wort dafür fand: Apathie.

Früher Steinbrucharbeiter, war er, eines Tages so mir nichts dir nichts, nicht aus dem Bett aufgestanden. Saß nun seit zwanzig Jahren auf dem Holzkasten. Rührte sich nicht mehr. »Besorgt euch nicht, mir fehlt nichts«, sagte er. Seine Gleichgültigkeit hatte edle Züge. Fritz wurde immer schöner, je älter er wurde. Aber seine Trägheit hatte heiligmäßige Züge einer Entsagung, die ihm gewiß nie leicht fiel. Darum gab ich ihm den Namen Fritz von der heiligen Apathie.

Die zweite Taufe meiner Oma Anna, Taufe aus Kindererkenntnis, hatte ich schon vorher vollzogen. Anna Ärmlich verbreitete, sehr fein, ein Klima ärmlicher Reinlichkeit, das mich seelisch umso mehr erschütterte, als Anna Ärmlich alles andere als geizig war. Sie schenkte maßvoll und das gab ihren Geschenken eine innige Pracht. Dazu sprach sie hin und wieder in Sentenzen. Sie ging dabei lange nicht so weit wie ihre wildere Schwester, Ida Kornmaul – aber Anna konnte auch ganz deutlich werden, wenn sie wollte: »Der Armenhäusler schenkt vom Krümel«, sagte sie manchmal, wenn auch zögernd.

Ida Kornmaul war deftiger. Seit ihr Mann von der Staublunge genesen und an der Trunksucht verstorben war, bekam Ida manchmal solchen »Heißhunger auf Wacholder«, daß sie Gläschen auf Gläschen ruckartig kippte und dann steife Sentenzen von sich gab, bis ihre Schwester Anna mit ärmlicher Stimme sagte: »Ida, du kippst das Zeug, schlimmer als Staublungen-Gelhausen...« Aber Annas Einsprüche waren selten. Ich hatte immer den Eindruck, Anna Ärmlich hätte am liebsten selber hart durchgesoffen, daß sie es nur unterließ, um ihrem geliebten Sohn Wilm, meinem Vater, eines Tages ein Stückchen Geld, erspart von ihren Rentengroschen, zu hinterlassen.

Mit unserer guten und ehrlichen Kirche hatten Fritz und Anna nichts im Sinn. Fritz war schlecht zu sprechen auf Gottes Bodenpersonal. »Das sind schlimme Gäste, sie kommen uneingeladen, fressen Kuchen und nehmen Geld vom Lebendigen und vom Toten. Diese Firma wird das Betteln nicht los. Das sind mir Gäste«, sagte er ärgerlich. Anna sagte dann: »Fritz, nimm Rücksicht auf das Kind.« Dann blickte Fritz mich aus seinen Apathieaugen an und sagte: »Ernst, verwechsle nie Gutgläubigkeit mit Rücksicht, der

Trost ist schier dahin.« Auch Opa Fritz erschien mir als frommer Mann, weil er klug und direkt heraus war, falls er sein wochenlanges Schweigen für einen Moment aufhob.

Indessen ging ich oft eigens in den Bingenhof, um ein Vorhangtuch zu betrachten, welches ein Holz mit Handtüchern bedeckte. Auf dem Vorhangtuch war in eckigen Buchstaben eingewebt: »Gottes Segen auf allen Wegen.« Anna Ärmlich hatte das Tuch gekauft und den Satz hineingewebt. Ich stand oft vor dem Tuch und las den Satz und er bedeutete mir viel. Weil von Gott nicht gesprochen wurde und weil die Kirche bei Fritz von der heiligen Apathie in Mißkredit geraten war, darum gewann Anna Ärmlichs Webesatz im Vorhang über den Handtüchern für mich den Tatsachencharakter eines unauslöschlichen Minimum theologicum.

»Es ist gesungen Gott dem Lamme«, sagte Anna eines Tages, als ich wieder vor dem Tuch stand und den Satz forschend betrachtete. Da hörte ich von der Holzkiste her die Stimme von Fritz in echter Verärgerung: »Anna, es ist nicht gesungen, es ist und bleibt gewebt!« In Realitätsfragen konnte der Opa stockig werden. Für mich aber behielt Anna Ärmlichs Webetat den Rang einer ernsten Verheißung. An sie wollte ich mich halten, wenn es hart auf hart – und wenn es selig zuginge (wovon ich – und zwar nur in dieser Mischung – längst überzeugt war).

Wir schrieben das Jahr 1944. Wilm war in Frankreich, bei der deutschen Armee. »Wilm steht im Feld«, sagte Anna, seine Mutter, ohne Idee, aber mit bescheidener Zuversicht. Mich bewegte die Alltagssprache Oma Annas, weil in ihrer Ärmlichkeit Züge stillester Reinheit mich anwehten, die holde Kraft der Machtlosen mich ansprach: hin hielt Anna Ärmlich ihre täglich mit sparsamer Ruhe und kaltem Leitungswasser benetzte Stirn. »Es ist das Waschen der Armenhäusler, die tägliche Nottaufe, Enkel«, sagte Oma Anna gelegentlich, wenn ich sie bei ihrer Stirnwäsche mit Andacht betrachtete. Wenn Anna Ärmlich sagte: »Wilm steht im Feld«, sagte ihr sonst mundfauler Gatte, Opa Fritz auf der Kohlenbank: »Verflammt ewig, Anna, Wilm steht nicht im Feld, er liegt in Frankreich im Dreck!«

Wilms lange Abwesenheit schmerzte mich. Aus Geistesangst und Brustumschmiedung durch Furcht, die wie stehendes Ersticken war, wogte der Schmerz heran, blieb stehen, zermürbte mich, floß ab, kam wieder. Wilm war mein Geistesschutz, mein Leibeshoffen, meine sprachliche Labsal gewesen. Nun war er fort und blieb lange aus. Ich klammerte mich, mein Gedächtnis bewußt entleerend von allen mir lästigen Aktualitäten, an Wilms frühere Mitteilungen.

Fritz von der heiligen Apathie auf seiner Holzkiste betrachtend, schenkte mir mein fast leeres Gedächtnis eine Szene, in der ich meinen Vater, im Hinblick auf dessen Mitteilung, Apathie bedeute auch Gleichgültigkeit in sexuellen Dingen, gefragt hatte, was denn sexuelle Dinge wären? Wilm lächelte langsam, blieb aber ernst und sagte: »Junge, das sind die einzigen Heiligkeiten der Schwachen, die Stärke zeigen, wenn es dicke kommt von allen Seiten. Die sexuellen Dinge sind die Sachen im Leben, in denen die Schwachen im Nachschlaf ihrer Liebe träumend und stille mit ihrem Schöpfer verkehren. In diesen Verkehrübungen gewinnt das Universum mehr Kraft, als durch alle Kriege und Bomben und Verbrechen gegen wehrloses Kanonenfutter verhindert werden kann.«

Das Sexuelle in Verbindung mit klarer Sprache erschien mir fortan als etwas Erstrebenswertes und ich sagte eines

Tages zu Ruth, meiner schon lange umträumten ersten Geliebten: »Mama, das Sexuelle hat Charakter.« Ich kann nicht behaupten, daß Ruth über dieses frohe Konstatieren erfreut gewesen wäre. »Du Frechleder, das hast du garantiert vom Hohen Vieh erschnappt und der verrückte alte Kerl geht zu weit!« sagte sie ärgerlich. Ruth war in einem läßlichen Irrtum; ich korrigierte ihn nicht, denn ich merkte noch nichts.

Wenn Anna Ärmlich sagte, ihr Sohn stünde im Feld, dann stellte ich mir vor, wie Wilm sich, verwandelt in einen Ginster, im Feld aufhalte. Ich ging manchmal zum Feldrand, wo der Ginster in Hecken grünte, stand vor einem Besenginster und sagte: »O, Herr Ginster, grüße Wilm.« Es erheiterte mich, mir vorzustellen, daß der Herr Ginster Vater Wilm sei, daß der nun Wilm grüßen würde und, Spitze der Freude in meinem Angstschlaf Kindheit, daß wir alle drei alles durchschauten: Wilm in der Normandie, der Ginster im Feld und ich in meiner Liebe zu Wilm und beim Sprechen zum Besenginster.

Diese Minima theologica erzählte ich dem Beamten Heinz und ich nannte ihm auch den Wortlaut meines Gebets vom Feldrand, den ich in einem kleinen Notizbuch bei mir hatte. Herr Heinz sagte damals: »Diese Geschichte solltest du so weitererzählen, wie du sie mir heute erzählt hast.« Ich merkte es mir.

Ich lebte im Zimmer von Ulrichs Vater und trank in dieser ganzen Zeit nicht, versuchte, notierend mit meiner Angst weiterzuleben. Nach zwei Wochen hielt ich das Nichttrinken kaum noch aus, sagte denen, ich wolle weiter. Ich wollte Ulrichs Mutter, Herrn Heinz und einer Cousine Ulrichs das ekelhafte Schauspiel meiner eisigen Besäufnisse ersparen.

Ulrichs Mutter sagte: »Sie sollten, für einige Zeit, nach Waldhäuser zu Hanne Koeppel gehen. Es würde Ihnen vielleicht helfen.« Ich war entsetzt bis ins Mark. Wußten die alle längst, daß ich Hilfe brauchte?

Ich machte mich auf den Weg nach Waldhäuser, zu Fuß. Es war Anfang Juli. In der Frühe gegen 5 Uhr hatte ich mich verabschiedet und war nun unterwegs, im Mantel, mit Schirm und Spazierstock und drei Notizbüchern in der Kitteltasche, ohne Geld und ohne Furcht. Denn ich hatte in Rimbach keinen Tropfen Alkohol getrunken. Der lange Weg durch die menschenleere Landschaft und die Waldgegenden tat mir gut. Ich war wie Herr Heinz: unterwegs zu mir selber, ohne Appetit auf Anhänger, bereit zum Erzählen.

In Waldhäuser fragte ich am Eingang der kleinen Ortschaft nach dem Haus der Hanne. Der, den ich fragte, führte mich sogleich dorthin. Es war ein prachtvolles Haus in einem großen wilden Garten mit Oleander und alten Bäumen. Hanne war die Witwe des Malers Walter Koeppel und Ulrichs Mutter hatte mir gesagt, der sei der Maler des Bayerischen Waldes, wie Alfred Kubin der Zeichner des Böhmerwaldes wäre. Kubin war für mich schon seit längerem mehr, er war der Nachschöpfer des Böhmerwaldes. Zuerst, vor einigen Gezeiten, hatte Gott die Bäume dort in den Familien erschaffen, den Naturschutz für Getier und Pflanzen und die ersten Menschen in diesem Urwald, dann hatte er Alfred Kubin dorthin geschickt, der mit seinen Zeichnungen den Geistesschutz für dieses Gebiet erbaute; wie es ja, meinem tiefsten Gefühl nach, ohne Knut Hamsun kein Norwegen mehr gäbe; diesen wirren Sprachstrunk hatte Gott ja buchstäblich in letzter Minute nach Norwegen eingeschleust, denn Ibsen war der Geistesschutz der kranken Weiber geworden und das ganze Areal kam schon einseitig ins Kentern dort in dieser Wintergegend, aber dann kam Hamsun, furchtbar im inneren Druck und fast außer sich vor Pein, alles in ihm brodelnd, nichts klar, aber auch absolut nichts klar – und fing an, in diesem fürchterlichen inneren Druck, Gottes Schmerzens- und Sprachturbine, die schuftenden und in Scheingesundheit kranken Männer den Weibern dort zuzugesellen, in letzter Minute buchstäblich, denn die eigentlichen Sprachgruben im Lande, die bedrückten Weiber – ja, nur Bedrückte haben Sprache – die rüsteten schon die Besenstiele, im Kollektiv rüsteten die schon die Besenstiele, ab sollte es gehen, verschwinden wollten die Sprachkreaturen, im Nichts. Naja, dann kam Hamsun.

So phantasierte ich vor dem schmiedeeisernen Tor am Eingang des Gartens, in dem Hannes prachtvolles Haus stand. Ich schellte.

Das Tor öffnete sich. Ich ging auf das Haus zu. Ein Mädchen öffnete. Es führte mich in eine große Diele, nahm mir den Mantel ab. Schirm und Stock behielt ich krampfhaft bei mir. Hanne erschien oben auf einer mächtigen geschnitzten Treppe. Sie hatte einen herrischen Kopf und trug ein bodentiefes Nachmittagskleid, keinen Schmuck. Sie kam herab, groß und kompakt, in aufrechter Ruhe. Sie erinnerte mich sofort an Schwester Anna, die Oberin. Wir begrüßten uns. Dann sagte Hanne: »Ulrich hat mir von Ihnen erzählt und, natürlich, Ulrichs Mutter – Sie sind willkommen.« Ich sagte: »Gnädige Frau, mit dem Willkommensgruß sollten Sie noch warten, bis ich Ihnen etwas über mich mitgeteilt habe.« Hanne lachte und wir setzten uns in die Diele an einen Holztisch und Hanne ließ Kaffee und etwas Gebäck kommen.

Ich sagte: »Vor allem möchte ich Ihnen mitteilen, daß ich

Geld unterschlagen habe, daß ich von Interpol gesucht werde und in München gebettelt und fast jemand totgeschlagen habe.« Hanne sagte: »Das sind sehr belastende Dinge. Ulrich hat mir geschrieben. Fürchten Sie hier nichts. Ich kann Ihnen wirklich gratulieren, daß Sie es ohne Drumherum konstatieren, das kann nämlich nur jemand, der zuinnerst weiß, wie schrecklich das Falsche ist, weil er schon etwas vom Besseren in sich hat.« Ich staunte und Hanne fragte: »Warum erwähnen Sie nicht auch Ihre guten Seiten?« Ohne Illusion sagte ich: »Das alles ist längst entwertet! Ich bin sehr unglücklich.« Wir tranken den Kaffee und Hanne sagte: »Wir alle sind fragwürdig, aber wir sollten uns bemühen, dahin zu kommen, furchtlos mit unseren Missetaten und ebenso furchtlos von unseren guten Seiten in uns zu leben – und da das keiner allein vermag, darum sollten wir uns dabei gegenseitig helfen. Jeder bedarf solcher Hilfe, das werden Sie mir hoffentlich glauben.«

Ein Funke Freude war in mir und ich sagte, während der Funke in mir erlosch: »Dazu bedürfte es einer festen Gewißheit an eine Macht, größer als wir alle, der Demut vor Gott, um es nur geradeheraus zu sagen. Mir ist meine Freude an dieser Gewißheit und meine phantasierende Demut vor Gott zerbrochen und zwar ausschließlich durch meine schrecklichen Sachen, die ich gemacht habe.« Ich faßte endlich Mut und sagte: »Ich trinke mich tot, aber seit ich in Rimbach eingetroffen bin, habe ich nicht getrunken. Sonst hätte ich alles verschwiegen und hätte das, was dennoch zur Sprache gekommen wäre, haßerfüllt abgestritten.« Hanne fragte: »Sie sind also sicher, daß Ihre Gewißheit von Gott ausschließlich wegen Ihrer eigenen Fehler und nicht wegen fremder Schuld zerbrochen ist?« – »Ja, ausschließlich aus eigener Schuld«, sagte ich. Hanne sagte: »Das ist eine bedeutende Selbsterkenntnis. Sie ist so nüchtern, daß man wahrscheinlich gegen das Glas kämpfen muß, um zu dieser Nüchternheit zu gelangen. Ich bin sicher, es ist nicht nur Ihre eigene Schuld, aber das ist unwichtig für Sie. Allein Ihre Selbsteinschätzung zählt für Sie.« Sie sagte dann heiter: »Also noch einmal: Sie sind willkommen.«

Sie zeigte mir das Haus. Dabei erzählte sie mir von Alfred Kubin. Zuletzt sagte sie: »Er war der beste Freund meines Mannes und kam jeden Herbst von Zwickledt herüber und erklärte mir dann jedesmal mit echter Unruhe, die Gespenster wären wieder hinter ihm her und mästeten sich an seinen inneren Gebrechen.«

Ich konnte überhaupt nicht genug über Kubin erfahren, mir war, Hanne erzählte die ganze Zeit von Kubin und von mir, als wären wir apokryphe Brüder. Hanne sagte: »Alfred Kubin war fest davon überzeugt, er sei nur darum immerzu in Überarbeit unterwegs, weil er auf der Flucht wäre, auf der Flucht vor einem Mörder in sich.« Ich fühlte, wie mir das Blut aus dem Gesicht wich. Hanne fuhr fort: »Kubin sagte, nur durch Zeichnen brächte er es fertig, diesem Mörder in sich mühsam die Stirn zu bieten, aber im Herbst wäre er jedesmal wieder neu sicher, es nie und nimmer zu schaffen. Darum käme er zu Walter und zu mir. Er blieb dann jedesmal mehrere Wochen unser Gast. Hier beruhigte er sich, dann kehrte er nach Zwickledt zurück und arbeitete wieder weiter.«

Ich lernte ein Haus kennen, das wirklich bewohnbar war. Hanne sagte: »Bleiben Sie einige Wochen hier. Wenn Sie möchten, können Sie die Bibliothek einmal sichten, vielleicht sie ordnen.« Ich stimmte dem sofort zu.

Wir hatten begonnen, uns Goethes Roman »Die Wahlverwandtschaften« vorzulesen. Mitten in dieser Lektüre entdeckte ich, beim Ordnen von Hannes Bibliothek, Walter Benjamins Aufsatz »Goethes Wahlverwandtschaften«, den Essay des damals Dreiundzwanzigjährigen, den Hugo von Hofmannsthal 1924 und 1925 in zwei Folgen in der Zeitschrift »Neue Deutsche Beiträge« abdruckte und an Benjamin schrieb, dieser Aufsatz habe in seinem Inneren Epoche gemacht. Beim Lesen dieser Entdeckung ereignete sich etwas, was mich bestürzte: ich konnte Goethes Roman nicht mit Hanne weiterlesen, ich war dieser Erzählung Goethes, nun erleuchtet von der Geistigkeit Walter Benjamins, nicht mehr gewachsen, sah mich in meiner Leere und hielt sie kaum mehr aus. Ich konnte mit Hanne auch nicht darüber sprechen.

Ich sagte Hanne, daß ich gehen wolle. Dabei erwähnte ich, ihr gegenüber, Walter Benjamin sei ein Inspirierter. Sie wollte wissen, wieso ich darauf käme? Ich sagte: »Keine Erklärung, denn die privaten Erklärungsversuche der inwendigen Gesichte sind nur eine gefährliche Imitation wissenschaftlicher Suche nach Systematik.« – »Gefährliche Imitationen?« fragte Hanne. »Weil diese Imitationen der Erfahrung des Mysteriums der Liebe Gottes und der geistigen Liebe einiger Menschen untereinander widersprechen«, sagte ich. Hanne machte damals ein Stolzmaul vor heller Genugtuung.

Das Werk sei die Totenmaske seiner Konzeption, hatte Walter Benjamin geschrieben. Am Ende aber seines Schreibwerks, hatte er sein Leben für Flüchtlinge hingegeben. Eine kleine Gruppe von Flüchtlingen versuchte, auf der Flucht vor den Nazis, über die spanische Grenze zu entkommen. Festgesetzt vom Alkalden an der Grenze, machte Benjamin in der Nacht, mitten unter der hilflosen Schar hockend, Selbstmord. Der Alkalde war davon am Morgen so erschüttert, daß er den anderen Flüchtlingen den rettenden Weg über die Grenze freigab. So starb dieser Inspirierte den schmählichen Tod eines frohen Mannes. Zu Hanne sagte ich: »Sein Schreibwerk war die Totenmaske seiner Konzeption, aber sein Sterben für andere ist die Demaskierung seines Werks für uns alle und für immer.« Hanne fragte: »Was denn ist möglich anstelle von erklärenden Imitationen?« – »Erzählen«, sagte ich.

IMPULSE DER LIEBE

Zum Gebet Nr. 2

> »Die Geschichte ist sehr fein gesponnen, und um sie geduldig auszuspinnen, bedarf es anderer Impulse, Impulse der Liebe, Impulse des Glaubens, des Glaubens an die sinnliche Wahrnehmung der vollendeten Geschichte, der Liebe zur sinnlichen Wahrnehmung der zu vollendenden Geschichte.«
>
> *Roswitha Kretschmer, Brief vom 19. März 1978*

Seit langem habe ich mich umsonst gefragt, wie es zuging, daß es mir gewährt war, in der Stunde des Absterbens, auf meinem Tiefpunkt am 17. November 1973 in Frankfurt, mit einem letzten atemlosen Stoßhauch, in einem wilden Ahnungsschrei Gott für alles zu danken, was ich bis dahin durchlebt hatte. Woher nahm ich die Heftigkeit meines Dankens, die mich selber so überraschte?

Nach jenem Dankgebet, welches für mich, von Liebreich schon hart umschlungen, fühlbar ein Gebet war, auch wenn es nur formlos hervorbrach aus meinem vom Schnaps und vom Frieden der Chemie verfaulenden Mund, in inwendiger reiner und gestalteter Einfachheit aber genau dem entsprach, was Juliana von Norwich innere geistige Schau aus der Liebe Gottes »und in einzelnen Worten« genannt hat, nach jenem Dankgebet bekam ich Luft und einen machtvollen inneren Schub der Nichtenergie, die ich bis dahin nicht kannte. Kapitulierend vor der so lange umsonst erlebten Wahrheit, daß der Alkohol stärker ist als der ganze Ernst meines lebenslangen Kämpfens gegen ihn, konnte ich an diesem Morgen die letzte Flasche ungetrunken hinstellen, trat aus meiner Ohnmacht als Trinker hinüber in das unbekannte Reich der Machtlosigkeit als Alkoholiker.

In mein zertrümmertes Gedächtnis traten, in das Grau des Morgens in Bernds Appartement und in splitternden Schemen der kranken Erinnerung, als würde in Lichtsplittern die Zeit zerrissen, frühere Vorgänge und alsbald zerbrechende Gesichte. Im Zerbrechen vieler Dinge, die einst geschehen waren, vermochte ich die Zuversicht aus Dankbarkeit nicht selber zu ergreifen, denn ich zitterte und verfaulte im brutalen Absterben, einer etwas anderen Sterbesorte als jener Sterbeerfahrungen im nassen Tod, da ich mich »endlich tottrinken« wollte.

Im April 1978 schmeckte ich wieder den Tod. Jede Kraft verließ mich, alle innere Stärke wollte erlöschen. Mit Schneeflocke stand ich abends auf einem Platz am Frankfurter Römer und sagte zu ihr: »Mir ist, ich sterbe.« Schneeflocke stellte mir die klassischen Fragen, die ein Ableben als das Resultat eines Mangels an Gesundheit verstehen möchten. Wir standen auf dem Platz, und ich beantwortete alle Fragen der Schneeflocke mit vorbehaltlosem Nein. Alles war diesesmal anders.

Nachts versuchte ich, wie gewöhnlich, weiterzuarbeiten. Es ging fast nicht, so ging es. Ich wurde froher. Ich dachte an Juliana von Norwich und sah ihr Antlitz nicht, aber ich gedachte ihrer selbstauferlegten Einmauerung und ihrer Mitteilungen aus göttlicher Liebe. Ich sehnte mich danach, ihr Antlitz zu schauen, von dessen Heiligkeit durch Freude kein Bild existiert. In meinem Sehnen nach der Schau des Antlitzes von Juliana schwand aber meine anmaßende Geringschätzung der Genesung, die durch mein mehrjähriges Nichttrinken eingetreten ist.

Ich sprach ruhig den Namen Julianas aus, und das Hören ihres geliebten Namens in meiner Arbeitseinöde bewegte mein Gemüt aufs neue mit der Demut dieser Holdseligen. In die Bewegung meines Gemüts trat mehr Licht aus der unzähmbaren normannischen Seele dieser Frau, als aus allen Feuern der Weisheit, die kommen.

In dieser Morgenfrühe gab ich es endlich auf, mich zu fragen, woher meine damalige Dankbarkeit am Morgen meiner Kapitulation gekommen war. Mir begann zu genügen, daß jene rettende Dankbarkeit damals in mir zu atemloser und rettender Gebetssprache geworden war. Ich beendete die Arbeit und ging schlafen.

Vier Stunden später stand ich auf und fand bei der Post einen Brief aus Graz. Eine Fremde schrieb mir einen Liebesbrief, wie ich keinen mehr erhielt seit dem Tag von Schlangenbad (1968). Das Motto zu dieser Mitteilung über Zuversicht aus Dankbarkeit stammt aus jenem Brief.

Ich las den Brief, betroffen von seiner innigen Klarheit, bewegt von seiner stolzen Aufrichtigkeit, erwärmt von seinem nüchternen Feuer und phantasierend in seiner geistvollen Süße, ich las den Brief zweimal und noch ein drittes Mal, und seine Klarheit wurde immer überwältigender. Schließlich gewann ich Gewißheit von der Distinktion dieser Botschaft, denn ich fühlte, daß ich keine Kraft hatte, auf diesen Brief jetzt angemessen zu antworten. Das teilte ich der Fremden indessen mit. Beim Schreiben dieser Tatsache versuchte ich, mir den Blick der Fremden vorzustellen. Aber wie ich niemals eine geistige Schau des Antlitzes der Juliana von Norwich hatte, so auch hatte ich keine Schau von dem Blick jener Schreiberin.

Während ich das konstatierte, erschien vor meinem Geist das stille und von wissender Krankheit bemalte Antlitz

Reinhold Schneiders, das zu sehen mir vor mehr als zwanzig Jahren einmal erlaubt und zugestoßen war. Dieses geistige Bild kam und stand eine Weile in meinem Gedächtnis, klar und fest, dann verging es. Aus meinem verschütteten Leben stieg etwas herauf, das ich mitteilen möchte.

Im Sommer 1955 las ich mit Freunden in dem Dorf Ründeroth (NRW), wohin ich, schon anormal trinkend, oft aus meinem Verwaltungsbüro flüchtete, gemeinsam Prosa von Gottfried Benn. Die sprachliche Strömung der Prosa des Berliner Dermatologen tat eine solche Wirkung auf mich, daß ich damals wochenlang nicht mehr trinken mußte. Zu einem der Freunde sagte ich damals: »Meister Gottfrieds Salpeterschnauze ist größerer Honig in meinem Mund als brennender Alkohol in meinen Eingeweiden. Dieser Prosajazz aus Durchblick, Frauenfang, Swing, Hirn und Chesterfield ist die einzige bleibende Antwort auf die Verblödung, mit der wir jetzt anfangen, das Geldmachen in den Rang des Wunders zu erheben. Ich werde Gottfried von Berlin schreiben.« Das tat ich, und Benn antwortete.

Wir sahen uns, es kann Düsseldorf gewesen sein, und es kann ein Carlton gewesen sein. Ich war damals längst wieder im Dimitrijsuff, sehe einen Grandseigneur, klein und kompakt, durch Krankheit in Hochform, und sehe mich, einen trinkenden, eisigen Nadelstreifenmongolen. Sofort einen solchen Streit über grammatikalische Schlamperei in einem Strophengedicht, daß Gottfried mich »am liebsten körperlich geschlagen hätte – wegen der Somatik, Affe!« – und ich immer mehr Schnaps soff und ihn anherrschte, er möge sich doch packen mit seiner Morpho-Grandezza, worauf wir einem Rayondirektor in jenem Hotel winkten und, tiefbefriedigt vom Krach, den Frackrobert höflich baten, »das ganze prätentiöse Fressen wegzuräumen«, Benn Strammen

Max und Pils und Steinhäger orderte, woraufhin ich dem damals wahrhaft visionär Kranken, in Erwartung eines Essens »für noch nicht völlig Bekloppte« (Benn), mit der Humorlosigkeit eines unwissend Kranken erklärte, seine schriftlichen Ohrfeigen mit der flachen Hand in die Wirtschaftswundervisage dieser Liebkindkultur hätte Aussicht, in meiner bitterbösen Verbrechergesinnung eine bleibende anständige Wohnung zu behalten. Benn quittierte das mit einem knappen Branchenslogan (»Du mußt arbeiten, arbeiten, arbeiten – und, liebe dich, arbeite, voilà«). Ich weiß nicht, wie es weiterging, später fand ich mich wieder mit einer Margarete Seemann, morgens gegen 4 Uhr, am Hauptbahnhof in Aachen.

Einige Wochen später, wieder auf der Schnapsschiene in Köln, erfuhr ich von meinem Freund Ulrich in der Bahnhofsbuchhandlung Gerhard Ludwig, daß Gottfried Benn abends im Kölner Funkhaus mit Reinhold Schneider ein Streitgespräch zum Thema »Soll die Dichtung das Leben bessern?« führen würde.

Herren, die die Einlaßkarten kontrollierten, sagte ich mit der mir gegebenen freundlichen Herablassung: »Freunde des Dichters, bemühen Sie sich nicht, danke sehr...« Einer der Herren begleitete uns daraufhin mit Devotion zu einer freien Stuhlreihe vor dem Platz, der für Gottfried Benn und Reinhold Schneider vorgesehen war.

Dann betrat Reinhold Schneider den Raum. Ein Mensch in Schwarz, mit weißem leidenden Antlitz, ein unheimlicher Auftritt. Dieser Leidende hielt den Kopf nach hinten gebogen. Unter Schmerzen nahm er Platz, am Oberkörper zitternd, dann stiller werdend. Mir brach kalter Schweiß aus den Schläfen. Reinhold Schneider schloß beide Augen, kam zur Ruhe, er öffnete die Augen, sein Leidenshaupt kam etwas nach vorn. Mit einer in ihn einströmenden Stille, von der ich, in einem tiefen Ausbruch von Geistesschmerz, einen Aufschrei der Befreiung in meinem Dimitrijhirn begrabend, fühlte, daß nur Gott in dem Gekreuzigten allein und keine Kraft oder Stärke sonst diese Ruhe in den Leidenden brachten, erwartete er Gottfried Benn. Der kam, ebenfalls schon sichtbar krank, aber ganz anders krank, von Krankheit in seelische Identität mit sich selber gebracht, mit einem Blick der Liebe seinen Meinungskontrahenten umfassend, nickend, sich setzend. Mich durchfuhr: Benn ist wunderbar krank! Sein altpreußisches evangelisches Pfarrhaus überwindend, hat eine wunderbare Krankheit ihn in einem halben Jahrhundert befähigt, von evangelischer Brüderlichkeit in tiefe christliche Geschwisterlichkeit zu wandern...‹ Den liebenden Blick Benns auf den Leidensmann in Schwarz, neben ihm, nahm ich damals für immer in mich auf.

Ich bin auch überzeugt, daß Benn zuerst sprach, weil er wollte, daß dem Publikum mit Deutlichkeit die Auffassung Reinhold Schneiders zum Erlebnis werden sollte. Benn lehnte in dem, was er sagte, den Gedanken, daß Dichtung das Leben bessern solle, mit distinguierter Grönlandschnauze rundweg ab.

Dann sprach Reinhold Schneider. Leise und harrend und extemporierend faßte er seine Erfahrung mit Dichtung in der Mitteilung zusammen, daß Dichtung einige Menschen, wie ihn selber, bereit machen möge für den »Biß des himmlischen Jagdhundes«. Das war der Moment an diesem Abend, den ich in mir zuschüttete und den ich unheimlich wegrutschen fühlte.

Nachdem Reinhold Schneider seine Mitteilungen beendet hatte, schien alle Sorge, jeder Schmerz von ihm abzufallen.

Hier war vorwiegend agnostisches Publikum, aufgeklärt sich fühlende Zeitgenossen und Zeitgenossinnen, die unter der hohen bleiernen Glocke der Gottesferne um so erschreckender die Apathie schmeckten, je überzeugender sie sich verhielten für jedermann im selben Boot.

Einzelne im Publikum begannen, nun Fragen zu stellen. Weil fast nur Fragen an Benn gestellt wurden, entstand in vielen und so auch in mir der Eindruck, hier sei vorwiegend Bennpublikum. Eine Dame meldete sich und sagte: »Herr Benn, warum sind Sie derart kaltschnäuzig?« Benn sagte freundlich in Richtung der Dame: »Bloß keine Wärme, gnädige Frau, sonst wird es gleich familiär.«

Mehrere Zuhörerinnen und Zuhörer stellten Reinhold Schneider daraufhin Fragen, die dieser leise und mit erschütterndem Zweifel an sich selber beantwortete. Woraufhin ein damals anerkannter gewerbsmäßiger katholischer Zweifler eine Frage an Benn stellte, um Schneider zu ducken und Benn gegen Schneider auszuspielen. Benn musterte diesen cleveren Jungen eine ganze Weile. Dann sagte er mit nicht gedrosseltem Ekel: »Geben Sie es auf, mich als Waffe für Ihre Furcht vor der Aussage des von mir tief verehrten Reinhold Schneider zu benutzen. Ich will Ihnen etwas über Dichtung sagen: Talent genügt nicht für den Dichter, selbst Begabung reicht nicht. Ein Dichter braucht außerdem Charakter, er muß tapfer sein.« Daraufhin machte Gottfried Benn, neben Schneider sitzend, vor diesem sehr fremden Menschen unter uns damals, eine ruhige Gebärde der Verneigung.

Woher kam das Wunder, daß es mir, zwanzig Jahre später, auf meinem Tiefpunkt, erlaubt war, Gott nicht anzuheulen um Verschonung, sondern ihm zu danken, daß ich das alles durchlebt hatte? Ich stelle diese Frage Jahre nach dem damaligen Ereignis der Stunde, in der ich ganz sicher war, jetzt sterben zu müssen. Ereignisse steigen herauf aus ihrer Verschüttung.

Ich ersehne mit Reinhold Schneider Dichtung, die Menschen bereit machen möge für den Biß des himmlischen Jagdhundes. Ich ersehne Dichter mit der geschwisterlichen Würde für Menschen, die an sich zweifeln. Ich ersehne Leser für diese Geschichte, die klar genug sind im Herzen, um die Gefahr zu verstehen, daß in einer so nachträglichen Erzählung wie dieser hier vieles um so unsicherer wird, je eindeutiger es überliefert ist.

Ich leide unter dem »So spät«. Jeder betrachte dieses späte Erinnern mit Zweifel. Mehr als mein Wunsch, nichts zu erfinden, sondern Gedächtnistrümmer zu notieren, ist nicht möglich. Aber in der von mir bejahten weiterwirkenden Krankheit der Trunksucht in mir danke ich einer mir unbekannten Schreiberin aus Graz für ihre Impulse der Liebe, für ihre Impulse des Glaubens an die sinnliche Wahrnehmbarkeit der vollendeten Geschichte.

JETZT, IN DER NACHT

Zum Gebet Nr. 3

»Die sexuelle Tendenz ist, in gewissem Maße, der Boden und das Fundament der Liebe, der größten aller Tugenden. Doch die Liebe ist nicht nur eine biologische oder psycho-physiologische Kristallisierung der sexuellen Impulse, sondern grundsätzlich verschieden davon.«
Papst Johannes Paul II., als Karol Wojtyla, Erzbischof von Krakau in Polen am 17. Oktober 1978 in Rom gewählt.

Wenn Werner, unser damaliger Gruppensprecher in meiner Anfangszeit in der Truppe, die Meetings abschloß, bekroch mich regelmäßig eine Furcht, die ich bis zu meinem Trinkstop nie kannte: Furcht vor dem Selbstmord im nichtbetrunkenen Zustand.

Wer diese Sorte Furcht nicht selbst erlebt hat oder noch durchlebt, da er erfolgreich dem ersten neuen Tropfen widersteht in einer frei gewählten Truppe, wird nicht fühlen, was ich hier berichte. Aber das mindert seine vollkommene Erkenntnis der Furcht keineswegs, wenn er einfach aufnimmt, daß diese Furcht existiert. Denn die Liebe, einen anderen zu verstehen ohne selbstgemachte Erfahrung, ist die höchste und sinnlichste und komplexeste Erkenntnis, höher als Wissen, tiefer als Traum, Pforte zu selbständigem Phantasieren.

Es ist die königliche Gabe sinnlich nüchterner Kinder, Frauen und Männer, zu denen ich noch lange nicht zählen werde, einer fremden furchtgewissen Sprache freudig sich anheimzugeben. Zu Werner, dessen Gabe, nicht mehr zu trinken, mir mehr geholfen hat, als in meinem verwüsteten Herzen der Haß auf jedwedes fremde Gelingen verhindern konnte, sagte ich nach einem der ersten Meetings, die ich mitmachen durfte: »Mann, das Ende des Meetings ist Beihilfe zum Selbstmord! Wie soll das einer von uns neuen Springfröschen und Leberschaumböcken überhaupt aushalten, durch die Glastür nach draußen zu müssen!« Werner sagte damals ruhig zu mir: »Ernst, du schaffst es. Du hast keine Spur von falscher Kraft mehr.«

Zitternd vor Furcht angesichts der Nacht da draußen sagte ich: »Werner, wenn ich ins Meeting komme, steht mir das Angstwasser in der Arschrinne – wenn ich das Meeting verlasse, gefriert mir das Wasser in der Arschrinne. Geht das denn nun ewig so weiter?« Werner sagte: »Es geht bei dir so lange weiter, bis dieser schauerliche Zustand von uns allen dich in das Praktikum der Schritte treibt. Dann geht der Horror vorüber, denn dann ist ja kein Grund mehr für Horror. Und sei sicher, daß dein Grauen keine Bestrafung dafür ist, daß du aufgehört hast mit dem Saufen – sei sicher, daß dein Grauen eine große Gnade ist, die dir zuteil wird, eine Gnade, in die einfachen und darum nicht leichten Schritte von höherer Macht gestoßen zu werden.«

Ich habe Werner, den Mann, der zu Liebessprache fähig war zu mir Elendem, in der Halle leidenschaftlich umarmt. Aber der Schritt durch die Glastür, hinaus in die Nacht, war dann noch furchtbarer, noch heftigerer Untrost, noch furchtgelähmterer Ausbruch meiner Reste in diesen Unort, Frankfurt am Main, wie ich es damals sah:

Frankfurt am Main, letzte kostbare Ruine der bürgerlichen Geistesgegenwart, für mich ein Platz paradoxaler Ordnung, halb Beleidigung und halb Buße, Umkehr aus meiner Paranoia (Liebeswahn, Größenwahn und Verfolgungswahn) in meine Metanoia (Sinnesänderung zu höherer Macht hin und, durchruhigt hiervon, Hinkehr zu Süchtigen und zu Nichtsüchtigen) – Frankfurt, entschlossener denn je, auch in mir gesichtslosem kleinen Mann dem Rest des Jahrhunderts zu trotzen.

Mit Marielouise irrte ich durch die Nacht. Marielouise, die innigste Kranke, die ich in meiner Truppe je erblickte, hatte sich meinem Umherirren angeschlossen, trocken wie ich, furchtbestimmt wie ich und in der inneren Gefangenschaft des Wissens von eigener Mitschuld und gleißender Angst vor dem Rückfall.

Die sexuelle Tendenz unserer Irrschaft in der nächtlichen Stadt war übermächtig, aber wir versuchten beide mit der heiligen, gegenseitigen Hilfe unserer nackten Sprache, diesem übermächtigen Zwang in uns, der den Rückfall automatisch (nicht automatisch bei jedem, aber bei Marielouise und bei mir) eingeleitet hätte, zu widerstehen. »Ich habe zuletzt eine halbe Flasche Cognac zum Frühstück gebraucht, dann Tabletten geschaufelt, um meine Sexualität zu finden. Nur in der Sexualität ertrug ich meine Angst vor Liebe«, sagte Marielouise. »Meine Angst vor Liebe war Angst vor der Sprache derer, die mich liebten, Angst aus dem Wissen, daß sie alle, im Erlebnis ihrer Liebe zu mir, mir hinter die Schliche kamen. Denn bei der Liebe ist der Verstand nicht im Eimer, wie einer der verlogensten Sprüche von Feiglingen lautet, weil Liebe sehend macht. Die tote Vernunft, soweit sie Überanpassung bewirkt, ist in der Liebe im Eimer, aber nie der Verstand, das Schiff des Verstehens auf dem Meer der Angst«, sagte ich mit splitternder Furcht im ganzen Körper, wenn Marielouise mich beim Dahinirren durch die Nacht nur an der Hand berührte.

Marielouisens Innigkeit war nur der Schimmer ihrer Schönheit, die einen nonnenhaften Glanz des Unberührten heftig in mein Bewußtsein stieß. Diese Blutbraut des Todes hatte die Frage ›Trinken oder Nichttrinken‹ genau wie ich endlich als Scheinfrage entlarvt, weil sie mit zehntausend gegen eins mit ›Wieder trinken‹ längst entschieden ist; für Marielouise und mich hieß die Frage bereits ›Truppe oder Alleingang‹ und mit dieser Frage entschieden wir Blutbräute des Todes unser Überleben im Niemandsland der inneren Gefangenschaft mit hundert gegen zehn: zehn von hundert kamen mit der Truppe durch, in die Wüste der Nichtigkeit, durch die Marielouise und ich, hier in der Nacht, irrten.

Irgendwo an einer Brücke am Main hielt ich die strahlende Innigkeit dieser Kranken nicht mehr aus. Sie sang in der Angst eine Zeile von Monteverdi, mit dem freiheitlichen Klang lustvollen Schmerzes in ihrem Sopran. »Wenn ich mit dir schlafe, kippe ich. Ich werde es dann nicht mehr aushalten, nicht so nackt und so vagussüchtig und lang mit dir zu schlafen, bis ich tot bin«, sagte Marielouise und begann, im Ende des Nachklangs der Monteverdi-Zeile, im Erlebnis, daß sie gesungen hatte, zu schluchzen. »Und ich werde beim Geschlechtsverkehr mit dir schon saufen, denn ohne Alkohol werde ich das Verbrechen, deine Holdseligkeit wissend zu ruinieren, nicht aushalten«, sagte ich und liebte Marielouise in diesem Augenblick so sehr, daß ich meine Krankheit fühlte: meine Liebe war, in der höchsten Intensität nach der letzten Flasche, so elend und schwach, daß sie nicht den Schimmer der Freude in die Mauer meiner Mitschuld an dem durch mein Saufen verursachten Leid anderer, die mich geliebt hatten, hineintragen konnte. Ich stieß mein Gebet Nr. 3 hervor, in wilder, elender und schwacher Liebe zu Marielouise. Da stieg eine Woge so heiliger, wärmender und nichtscharfer Lust zur Entsagung auf in meiner elenden Liebe, daß ich die Gnade erfuhr, ablassen zu können von unserem gemeinsamen Begehren nach dem feigen Hohn auf Tristans und Isoldes Liebestod.

BEJAHTE HOFFNUNGSLOSIGKEIT

Zum Gebet Nr. 4

Bernhard Bauer gewidmet
»Hoffnung ist uns nur um der Hoffnungslosen willen gegeben.«
Walter Benjamin (1892–1940)

So lange ich Hoffnung hatte, trank ich weiter. In der Hoffnung war mein Selbstbetrug intensiv und nicht deutlich genug für eine Sinnesänderung. Seit ich nicht mehr trinke, wächst Hoffnungslosigkeit in meinem Inneren. Aber diese Hoffnungslosigkeit ertrage ich mit Ruhe, denn ich empfinde Dankbarkeit für vielfältige geistige Fremdhilfe.

Hoffnung war furchtbar für mich, Hoffnungslosigkeit ist besser für mich. Denn in dem Zustand meiner Peinigung schwindet mein Selbstbetrug. So kann ich Leidensdruck in mir und in anderen vermindern. Meine Hoffnungslosigkeit ist mir kein Rätsel.

Mein Fragen, wie ich mich selbst aushalten soll, zielt direkt auf Gott, wie ich ihn verstehe: höhere Macht als Menschenmacht, für mich Menschen wirkend durch andere Menschen. So wage ich es, die Liebe Gottes anzunehmen.

Der erste Blick, getauscht mit Schneeflocke, war Liebe: von Anfang an endgültig, aber in unserer bald eingegangenen Ehe Fremdherrschaft, Xenokratie. Der erste Blick, getauscht mit Holunder, war Liebe: von Anfang an endgültig, aber in meinem Hunger nach Affären mit Frauen Fremdherrschaft, besiegelt durch mein Trinken und die Folgen für mich und die, die um mich waren. Faszination übte ich auf sie aus, denn ich war nicht zu beherrschen, weil mich der Alkohol beherrschte.

Ich kämpfte zuerst wie ein Wolf, dann wie ein Schakal, zuletzt wie ein kranker Hund, dann streckte ich mich. Mein Trinken gab ich auf, aber die Liebe zu Schneeflocke und Holunder gab ich nicht auf. Meine Hoffnungslosigkeit ist mir kein Rätsel.

Zum Gebet Nr. 5

Erinnerst du dich, der hier durch die Tür geht,
an den Pfad
hinter dem Kloster, entlang den Ziegelsteinhaufen,
wo nun keiner mehr zum Nachmeeting geht,
den viele austraten durch manche Jahre,
zu kranken Leuten und nach Hause hastend?

Auch du magst einen Pfad treten,
Stunden fort von den kommenden Wegen,
wenn du nicht länger der Menschheit vorwirfst,
sie habe sich verschworen gegen dich,
und zu denen zählst, die noch um Mitternacht
ihr Sosein scharf im Auge halten müssen.

Und als auch ich dies erkannte,
begegnete ich mir freundlicher und wußte,
daß weder Mann noch Frau noch Macht
noch Arbeit
zu stillen vermögen die Sehnsucht der Seele,
die Einsamkeit der Seele.

LEHM

Zum Gebet Nr. 6

Aus drei Lehmsorten bin ich gemacht: aus dem Liebeslehm Gottes, aus dem Lustlehm von Ruth und Wilm und aus dem Sprachlehm der ganzen vorläufigen Menschheit.

Aus dem Liebeslehm Gottes kam ein Traum: eine Liebe zu bestehen, die mehr als zwei Liebende freier macht und die darum im Tod nicht endet. Aus dem Lustlehm von Ruth und Wilm kam ein geistiger Wunsch: ein Buch zu schreiben, in dem zu lesen ist, wozu ich hier war. Aus dem Sprachlehm der ganzen vorläufigen Menschheit kommt eine Gewißheit: daß ein Traum durch Treue zu einem geistigen Wunsch verwirklicht werden kann.

IN DER WILDNIS DER WELT

Zum Gebet Nr. 7

Ich habe den Alkohol personifiziert. Er ist ein arger Seigneur. Auf dem Kopf eine Schiebermütze, leicht nach hinten geschoben. Unter dem Schirm dieser Mütze ein Gesicht mit der Miene eines Louis. Eine Spur zu gerade angezogen, indes mit weißen Jimmyschuhen.

Er folgt mir, auf Schritt und Tritt, ist stets in meinem Rücken, bei Tag und Nacht schattensicher hinter mir.

Ich höre ihn murmeln: »Diesen Jungen mit den kalten Flossen und der heißen Schreibe habe ich sicher am Wickel. Ihn habe ich mir gemerkt: Er hat mir Kundschaft genommen. Ich habe Zeit. Und diesen Jungen schnappe ich mir schon noch. Zuerst lasse ich ihn mal richtig hochkommen. Gebe ihm Anerkennung zu schmecken. O, nicht zu knapp. Dann stelle ich ihn unter Beschuß. Lasse ihn auch den Beschuß abschütteln wie den Hund den Regen. Drei, vier seiner Persönlichkeitsbrüche, die die Leute so bei ihm entsetzen, verschreibe ich ihm, mehr nicht. Damit lasse ich ihn den Beschuß abschütteln. Dann soll er zu Geld kommen. Nicht wohlhabend, reich soll er sein. Dann gebe ich ihm echten Ruhm zu schmecken. Und dann, dann werde ich ihm etwas vermiesen, von dem er denkt, es sei nun überflüssig. Haha, keineswegs die Truppe werde ich diesem Jungen vermiesen, o, nein, den bringe ich auch mit der Truppe noch ans neue erste Glas. Ich werde ihm etwas ganz anderes vermiesen. Auf Blond simpel Schwarz. Dann will ich ihm mein Angebot unterbreiten und dann Guten Tag, arme Schnauze in der Wildnis der Welt. Ich habe nicht nur Zeit, ich habe wonnevolle Geduld, ich, Seigneur der Gene-Schwächen.«

SCHLEIFER RUDI

Zum Gebet Nr. 8

Beilrudi, der das Beil der Alternative (entweder in der Wüste trocken bleiben und die Oase der Nüchternheit als Nichts, soeben, erreichen – oder das erste neue Glas kippen und im Garten der Genesung als Krösus des Jetzt draufgehen) in das Eis meiner Angst setzte, wurde nur deshalb mein Sponsor, weil ich ihn darum bat. Ich war damals sicher, ohne ihn als Sponsor schreiend aus der Truppe fortzuflüchten, hinaus in den Rückfall.

Rudi schliff mich vierzehn Wochen wie einen Geistesgestörten, der ich wirklich war. Eines Tages bekam ich einen unvermuteten Haßausbruch gegen Holunder. Mitten in einem Rundgespräch begann ich zu zittern, zu kotzen, zu schreien, zu toben. Das Meeting zerkrachte. Mit dicken Halsadern schrie ich, ich würde Holunder aufsuchen und ihr runkelruhig die Halsschlagader aufmachen. Dann brach ein Unflat des Hasses aus mir heraus, ich sprang auf, stieß den Tisch um, brüllte und schrie ordinäre Flüche und eisige abgefeimte Beschimpfungen gegen Holunder in einer Diskrepanz von heißer Erregung und umkippender Kälte durch das Meeting, daß mir später Franziska sagte, hier müßten zwei Personen, die nichts miteinander gemein hätten, getobt haben.

Schleifer Rudi blieb in der ganzen Zeit ruhig und aufmerksam. Als ich erschöpft in der Fensterecke des großen Meetingraums zusammensackte und kauerte, sagte er zu einem, der in meine Nähe kam: »Flossen weg von dem Mann, hinsetzen. Das Meeting geht weiter.«

Als das Meeting endete, setzte ich mich wieder auf meinen Platz und konnte mit den anderen zusammen Oetingers Gebet um Gelassenheit, Mut und Weisheit sprechen. In der Halle sagte Rudi zu mir: »Es ist gut, daß der Dreck rausgekommen ist. Du und ich, wir sind Kanalratten, Schnapsruinen. Holunder ist mit Sicherheit eine wirkliche Dame, aber du und ich, wir sind mit Sicherheit keine Herren. Wie du Holunder im Hergang deiner Kapitulation gesehen hast, bevor du Gott danktest, so hast du sie nüchtern gesehen. Jetzt siehst du sie verzerrt. In der Todeszone hast du sie richtig gesehen, jetzt, im Übertritt in die Lebenszone, verzerrt dein Haß ihr Bild.« Ich war zu erledigt, um etwas zu sagen, aber Rudis Worte gruben sich in meine Schwäche ein.

In der Woche darauf untersagte mir Rudi, auf diese Angelegenheit zu sprechen zu kommen. »Nur im Meeting, nicht bei mir. Ich bin für dich kein Meetingersatz. Was du zu sagen hast, sage in der Truppe oder friß es runter«, rasierte er mich und setzte seine furchtbare Schleiferei mit den Disziplinierungsübungen in den täglichen, kurzen Telefonrapporten unerbittlich fort. Zehn Tage später brach der Eisberg meines Hasses auseinander und in der Truppe kapitulierte ich vollständig, wurde zum Nichts und bekam neuen Atem.

In diesem Meeting antwortete mir mein Sponsor. Er überlegte gründlich und sagte dann mit Ruhe zu mir und zu allen: »Wenn du akzeptierst, daß du ein Nichts bist und daß dieses Nichts nicht mit einer Frau ersetzt werden kann, wenn du diese bittere Wahrheit auszuhalten imstande bist, ohne zu wanken und ohne Ersatz für diese Frau zu erwarten, dann kannst du erleben, daß du nur wegen dir Nichts trocken bleiben darfst und daß sich das lohnen wird, für dich und für einige andere, zumindest mal für alle hier in dieser Truppe. Das überlege dir, du Mutterkönig, oder überlege es dir nicht. Das Gefährliche für dich im Augenblick ist doch, daß du schon etwas Erleichterung spürst und daß dich nun dein Selbstmitleid schon wieder an die Flasche treiben will, und zwar an eine ziemlich hochprozentige. Darum geht es, um nichts sonst.«

In diesem Meeting sagte ich zu Schleifer Rudi, daß ich, kauernd damals in der Fensterecke, in einemfort gebetet hätte. Rudi sagte kalt: »Bete einfach weiter. Weiterbeten ist besser als wieder saufen. Bete einfach hundekrank und gottstur weiter. Denn du Drecksväterchen hast immerhin seit deiner Kapitulation nicht mehr gesoffen.«

Im Nachmeeting fragte ich meinen Sponsor, ob diese Persönlichkeitsbrüche nun immer so weitergingen? Rudi grinste und sagte teufelsfreundlich: »Das ist vorerst noch viel gefährlicher als die Persönlichkeitsbrüche, die ein Haufen Klugscheißer mit null Ahnung mit Schizophrenie verwechseln. Merke dir: beim Alkoholiker ist alles anders. Vorerst und jetzt noch für etwa ein Jahr geht es bei dir um die Auskotzphase. Die Persönlichkeitsbrüche kommen bei dir Schnapskopf erst im vierten bis fünften Jahr ohne Rückfall zutage. Das wird dann eine böse Kette. Sobald du die Suchtanfälle hinter dir hast, schiebt dein großer Alliierter im Himmel dir die Bewährungsprobe zum Zurückstecken vor nichtsüchtigen Mitmenschen in einer bösen Kette von Persönlichkeitsbrüchen aus deinem genesenden Körper. Falls du vier bis fünf Jahre nicht gesoffen und hier in der Truppe den Nassen und Neuen regelmäßig die Stange gehalten hast. Drunter ist die Gabe, vor Nichtsüchtigen zurückzustecken, nicht zu bekommen.«

STROPHE

Zum Gebet Nr. 9

Meine elendeste Liebe ist lebendiger
als die machtvollste Nichtliebe?

Ist meine kälteste Angst rettender
als die ruhmreichste Nichtangst?

Mein bitterstes Absterben ist besser
als das erfolgreichste Leben?

IN DER WERKSTATT DER PHANTASIE

Zum Gebet Nr. 10

»Die Aufgabe der Phantasie besteht allein darin, sich von innerer Vernünftigkeit nicht in Form allgemeiner Sätze und Vorstellungen, sondern in konkreter Gestalt und individueller Wirklichkeit ein Bewußtsein zu geben.«
Georg Wilhelm Friedrich Hegel, Vorlesungen über die Ästhetik, Erster Teil, 3. Kap., C 1

1944. Im Dorf. Ich war zwölf Jahre alt geworden. Wilm, mein Vater, befand sich bei den Resten der Wehrmacht. Unvermutet sah ich Ruth, meine hinreißend schöne Mama, nackt. ›Warum bin ich in der Welt?‹ – diese Frage wogte in mir hoch und dabei versteifte sich mein kindlicher Schwanz, von dem ich auf dem Schulplatz zu meinem Freund Bübchen Dreibholz gesagt hatte, er sei der Pfahl der Sprache im Blumengarten hinter unserem Haus.

In diesem Erlebnis meiner ersten Erfahrung inwendiger Autonomie, stärker als mein längst domestiziertes Selbst, ein Ausbruch strömender Freude, nierenwilden Phantasierens: daß ich mich fest und ruhig zu meiner wartenden, schönen Mama begeben würde, um mit der triumphalen ruhevollen Wildheit eines nun erwachten abenteuerlichen Mannes Ruths Wange, die holde Landschaft ihrer Demut, zu streicheln und daß Ruth sagen würde: »Komm.«

In diesem Phantasieren wünschte ich mir heftig, daß meine Seele und mein ganzer angstgepfählter Geist und mein Leib (Körper und Sprache) und – das ergriff mich – die ganze mich umgebende Menschengesellschaft aus früheren

Zeiten und aus jetziger Zeit und aus kommenden Zeiten, begrüßt von meiner jäh erwachten Sinnlichkeit, uns, Ruth und mir, einen machtvollen Schutz gäbe, den Anruf Gottes, uns machtlos und gewaltlos und in Lust zu vollenden.

Aber, so zeigte mir ein Schmerz von wilder Tiefe und lustvoller Süße, wenn ich nun mit meiner Sprache hell und mutig zwischen Ruths träge gespreizte Beine ginge, um den ersten Geschlechtsakt meines Lebens mit ihr zu verrichten, innig und ruhevoll und stark vor Wollust, daß ich dann gleichwohl den Spender dieses Schutzes, Gott, mit aller Liebe nicht erreichen könnte.

Mit umso mehr Liebe wollte ich nun zu Ruth! Im Fühlen der Nichterreichbarkeit Gottes wollte ich umso vollständiger Ruth mich preisgeben! Mit demutsrauher Dankbarkeit für das immerhin Mögliche wollte ich meine Mutter, diese Holde, umarmen und ihr staunend zurufen: »Dich, Ruth, liebe ich!«

Nach diesem Geschlechtsakt, gekrönt mit rufender Liebessprache, wollte ich sie noch einmal inständig umarmen und zu ihr sagen: »Ruth, alle meine wilde und heiße Liebe, die Gott nie erreicht, ist nun in dir.« Dann wollte ich aufstehen, in meinem ganzen kommenden Leben keinen Geschlechtsakt mehr verrichten, sondern ein Mönch ohne Kloster werden, ein umherwandernder Mönch unter einer Sprachkappe; vital und asketisch, freudig und rauhgeistig wollte ich Gott in Taten und Unterlassungen, Erzählungen und Liedern, in geistigen Werken von bis dahin nie erlebter Wildheit und Schönheit aus Unfertigkeit ehren und verherrlichen, bis ich tot wäre. Davon phantasierte ich.

PARANOIA

Zum Gebet Nr. 11

Paranoia, griech.: die Verrücktheit, eine als selbständige Wahnkrankheit aufgefaßte Kommunikationsstörung in sonst zumeist wohlerhaltenen Persönlichkeiten. Der Wahn (am häufigsten Liebeswahn, Größenwahn, Verfolgungswahn) ist meistens zu einem in sich logischen System ausgebaut und durch Gegeneinwände nicht zu entkräften.

Ich litt lange in dem Wahn meiner vom harten Saufen und vom Trinkstop scheinbar legitimierten Rechthaberei in der Truppe. Dann fing ich an, offen im Meeting von diesem Wahn zu sprechen – und konnte mich ändern. Damals erkannte ich durch Erleben und nicht durch Selbstbeschwörung, daß der Weg zu mehr Genesung nur über das Zugeben von eigenen Irrtümern und Charaktermängeln dort, wo das verstanden wird (in der Truppe), geht. Daran habe ich mich fortan in allen mich quälenden Hauptpunkten beim Gang durch die Trockenwüste gehalten, vermied neurotisches Gewäsch und schätzte mich froh, meine neurotischen Schmerzsignale verwenden zu dürfen, um dafür knapp und deutlich von den wirklich peinigenden Hauptpunkten in den Meetings offen zu erzählen. Jedesmal ereignete sich hinterher Besserung: Verzicht auf den Wahnwitz von Heilungsideen und Erleichterung, mich in dem Käfig meiner Begrenztheit deutlicher zu erblicken und zu versuchen, zu bessern, was (dann) besserungsfähig wurde.

ABSCHIED VON HERRN GINSTER

Zum Gebet Nr. 12

Am 16. Dezember 1977 rief meine Mutter an: »Heute früh ist Wilm gestorben. Zuletzt wollten sie ihm noch Tabletten geben. Wilm hat sie ausgespuckt.« Herr Ginster starb mithin, wie er gelebt hatte, aufschlußreich und zumutbar für viele.

Schneeflocke ist in Tränen ausgebrochen, ich habe, qualvoll ruhig, Kettenernst angerufen und habe ihm gesagt, daß mein Vater gegangen ist. Ernst sagte: »Dein Vater hat registriert, daß du nun schon Jahre nicht mehr trinkst, daß du mit Schneeflocke nicht auseinandergeraten bist und daß es beruflich aufwärts geht mit dir. Eltern merken das. Wir werden zwar alte Stockfische, bleiben aber immer wie Kinder für die. Sei froh, daß dein Vater diese drei Sachen noch erlebt hat. Bei mir war es schlimmer. Als ich meinen Vater beerdigte, oben am Edersee im Waldeck'schen, da soff ich noch gegen den Strom. Ich kam zum Friedhof, war stockvoll. Der einzige Sohn dieses ordentlichen Mannes, stockvoll am offenen Grab. Verrückt wie ein Stier bin ich in das offene Grab gesprungen, habe mir die Brust da unten freigerissen, das Hemd weggerissen, habe da unten gebrüllt und geheult. Diese Schande hat mich bis heute, in nun fünfzehn Jahren ohne Alkohol, keinen Tag mehr losgelassen. Das ist mein Packen, den ich mitschleppe in die Zeit meiner Nüchternheit. Jeder hat seinen Packen. Sei froh, daß es mit dir und bei deinem Vater gnädiger abgegangen ist.«

Schneeflocke und ich sind nach Osberghausen gefahren. Beim ersten Essen mit meiner Mutter und meiner Schwester wirkten wir alle so gefaßt wie Leute, die von einem Todesfall einstweilen nur gehört haben. Zu Ruth sagte ich: »Nun, da Herr Ginster gestorben ist, kann er uns durch Raum und Zeit hindurch betrachten.« Ruth wurde noch einmal sardonisch und sagte: »Ja, Ernst, wenn es so ist, dann will ich dich, um Wilm abzulenken, von Zeit zu Zeit an den Kopf hauen.«

Wir haben Wilm auf unserem Dorffriedhof beerdigt. Mit Fassung haben wir ihn in die Erde getan. Es gingen viele Leute mit. Der junge Vikar von Osberghausen, Hans Peter Blümcke, sprach knapp und mit furchtloser geistlicher Eindeutigkeit. Er zitierte aus dem Brief an die Kolosser Wilms Konfirmationsspruch: »Zieht an die Liebe, die das Band der Vollkommenheit ist.« Sodann beschränkte er sich darauf, im Sinn dieses Briefes festzuhalten, daß hier nicht Liebe gemeint sein könne, die resignierte Leute untereinander versuchten, sondern er, Blümcke, sähe hier gemeint die Liebe Gottes zu den Menschen, erwiesen in Jesus Christus, an dem kein Weg vorbeiginge in allem, was Liebe heiße, ferner nun dann die Liebe einiger Menschen zu Gott – und die davon inspirierte Liebe solcher Menschen untereinander.

Dann sprach der Vikar in dem kleinen Kapellchen das Schlußgebet. Der Sarg mit Wilm wurde zum Grab getragen. Dort hörten wir die schlichte Bestattungsformel. Dabei verrichtete ich im stillen mein Gebet. Dann warfen wir Erde auf Wilms Sarg und verließen mit den anderen den Friedhof.

Zum Gebet Nr. 13

»Der Vogel der Zeit hat nur einen kurzen Weg zu fliegen – und siehe, der Vogel erhebt seine Schwingen.«
Om'ar-i Chajj'am (Zeltmacher) (1048–1131)

Machtlosigkeit

»›O Satan, prends pitié de ma longue misère!‹ Die Katastrophe, vor der Sie warnten – ich bin ihr längst anheimgefallen.« Holunder (1968)

Mit einem Blick, den ich in einem Traum im Mutterleib gesehen hatte, legte Holunder den ersten Arm ihrer siebenarmigen Liebe um mich, den Arm der Machtlosigkeit. Ich stand vor Holunder, sah ihren Blick und habe alle Angst, alle Herrlichkeit, allen Schmerz in dieser Welt gesehen.

Erweckung

»... aus den Eingeweiden der Katze, aus dem Bart des Weibes, den Wurzeln der Berge, den Sehnen des Bären, dem Hauch des Fischs und dem Speichel der Vögel.« Holunder (1968)

Mit Anmut legte Holunder den zweiten Arm ihrer siebenarmigen Liebe um mich, den Arm der Erweckung. Ihre Anmut: bewegter, gefesselter und sanfter Ausdruck der Vorfreude, die Holunders Seele, ihren Geist, ihren Leib (Körper und Sprache) und ihre Gesellschaft zu einer Einheit machte, herrlich wie ein Ursprung des Morgens, die Sekunde nach Mitternacht. Dann aber leuchtete aus Holunders Anmut Liebe ohne Ende, Gewißheit der Freude in der Nacht der Sinne und Lust zu den Prüfungen in der Nacht der Seele.

Beugung

»Instinkte, die ich nie erlebt habe, wurden in mir wach, jene letzten, die kalt und tödlich die Verteidigung des Lebens übernehmen, wenn nichts anderes mehr zu tun ist. Meine Angst war furchtbar. Eine unsagbare Schimäre auf dem Grund meiner Verlassenheit... Weißt du nicht, daß mir die letzte, armseligste Verbindung zu dir immer noch lieber ist? Daß ich jeden Schmerz, den du mir nicht ersparst, leidenschaftlicher hüten werde als jede Gelassenheit ohne dich?« Holunder (1968)

Mit ihrer Entschiedenheit legte Holunder den dritten Arm ihrer siebenarmigen Liebe um mich, den Arm meiner Beugung vor Gott, dem Sender der Liebe. Holunders Entschiedenheit, sich ganz oder niemals hinzugeben, macht ihren Rang in meinem Herzen aus.

Einswerdung

»Mein Staunen über dich ist sehr groß. Eines Tages möchte ich dir erzählen von dir.« Holunder (1971)

Mit ihrer Reinheit legte Holunder den vierten Arm ihrer siebenarmigen Liebe um mich, den Arm unserer Einswerdung. Indem sie vom ersten Tag an dem Wahnwitz widerstand, ihre Liebe in spirituelle und in leibliche Liebe zu zerstückeln, gab Holunder ihrer Reinheit Dauer. Ich gab ihr ein Bild. Sie legte es beiseite, schrieb mir dann: »Ich danke dir für dein Bild. Jetzt werde ich immer wissen, wie du aussiehst, wenn du nicht mit mir zusammen bist.« Vagus war im Zimmer, der schmutzige Tod, er hob die Hand, um mich zu fällen. Da umarmte Holunder mich.

Antwort

»Ernst, ich bitte dich, endlich zu verstehen, daß du mitnichten verrückt bist. Verstehe es, damit es deinem grauenhaften Selbstmitleid gegen den Strich geht: du bist nicht verrückt, sondern deutsch: widersprüchlich und geistig vorsichtig und, vor allem, du bist geduldig, du armes, dickes Liebchen. Wer dich für verrückt hält, wird bitter aufwachen und somit mußt auch du einst bitter aufwachen, aber wen du liebst, der kann sehr glücklich sein.« Holunder (1971)

Mit ihrer Klugheit legte Holunder den fünften Arm ihrer siebenarmigen Liebe um mich, den Arm der Antwort. Keine Macht außerhalb der Liebe war imstande, Holunders Geist zu beeinflussen oder zu schwächen. Jeder Tag, jede Nacht seither, in meiner viehischen Verreckung ohne diese Frau, wurde zum Fanal neuer Liebe zu ihr. Denn Holunders Antwort an mich Wrack, das alles wußte und weitertrank und weiterlog, vollendete Holunders Hingabe so innig und machtvoll, daß in den Auswirkungen der Liebe alle Worte dieser Frau den Charakter von angekündigten Taten erhielten.

Schweigen

»Also los jetzt. Wappne dich mit Fassung.« Holunder (1971)

Mit ihrem Schweigen zermalmte Holunder meine kranken Reste und stieß mich hinab zur Treppe zum Tod. Auf der untersten Stufe angekommen, vollendete Schneeflocke, in einem letzten genialen Akt der Hilfe durch Nichthilfe, meinen Sturz ins Leere. Dort würgte mich Liebreich, der äsende Tod, reich an Liebe. So kapitulierte ich. Dann schleppte ich mich durch die trockene Hölle, durch die inwendige Versteinerung und durch Holunders anhaltendes Schweigen. Aber auch das Ärgste, mein Abgeschnittensein von ihrer Sprache und Stimme, wurde zu immer mehr Liebe zu ihr. Was immer später von mir gewußt und gesagt zu werden lohnt, ist die Tatsache, daß Liebe zu Schneeflocke und Liebe zu Holunder nicht dazu führte, daß ich die Liebe zur Einen jemals mit der Liebe zur anderen widerrufen oder vermischt hätte. Ich brauchte ein volles Jahr ohne Alkohol und ohne Tabletten, bis ich endlich wagte, zu Holunder zu fahren und sie wegen aller Lügen bezüglich meines Trinkens um Verzeihung zu bitten. Da legte Holunder den sechsten Arm ihrer siebenarmigen Liebe um mich, den Arm des Zuhörens.

Verstehen

»Zum ersten Mal in allen diesen Jahren habe ich dich endlich verstanden.« Holunder (1974)

Mit ihrem Verstehen legte Holunder den siebten Arm ihrer siebenarmigen Liebe um mich, den Arm des Lächelns. Mein Unglück ohne ihr Dasein war besser für mich als jede

Illusion, mit der ich diesem Unglück zu entrinnen hoffte. Dieser Liebe, die mich in meine Leere stürzte, in der ich mich fand, entrinnen zu wollen, das war meine Geisteskrankheit. Holunders Geheimnis strömte auf in ihrem Lächeln, wenn Gott sie dafür tröstete, daß sie mich Wrack so innig umfing.

STATT VALIUM

Zum Gebet Nr. 14

Ich war, auf einen Sprung, in Westfalen. Alexander schickte seinen Chauffeur mit dem alten Horch. Wie schade, daß Schneeflocke in der Schweiz ist; sie hätte diese steife Fuhre sehr genossen.

Das Schloß hält sich noch. Bei den Preißelbeeren zum Wild frozzelte Alexander mich mit dem Steinhäger, den er trinken kann. Und Titi erkennbar auch. Ich nahm mein Schweppes. Scheinsauer sagte ich: »Verdammt und schlauewig, ich kann schon darum nicht mehr zu Euch in die grüne Wildnis ziehen, weil ich hier nicht mehr den westfälischen Gottesdienst auf Raten, Steinhägersaufen zum Weiber-ins-Bett-reden und Birkendenken der Weiber zum Kerle-weich-lieben, mitvollziehen kann.« Sogar die distinguierte Titi lachte herzlich. Sie, deren hochanglikanischer Liebreiz mit Alexanders schöner Feld- und Buschminne eine solche Fortüne machte, daß Titi einer frühdamenhaften Apathie- und Valiumkarriere entrann, sie wurde so aufgeräumt, daß ich sie beim Weiteressen mal gefaßt in die Arme nahm, sie hin- und herwiegte und ihr zwei deftige heimatliche Lumpenkanzonen ins Ohr sang, wobei diese Londoner canallia erstrahlte. Alexander sagte: »Dir geht's vielleicht wieder gut, Kerle, Kerle – dich hat der ernste Gott der Heimat, Fron zumal der Klugen, zwar nach Frankfurt zum Schuften geschickt, aber immerhin kannst du Westfalen frei besuchen, du Suchteremit!« Ich habe dazu bewegt aus meinen Schnaps- und Pharmaschneeaugen gekuckt und eine vorwissenschaftliche Miene gemacht.

»Nimmst du nie mehr irgendwelche Tabletten?« erkundigte sich Titi professionell. »Ich ziehe es vor, mit euch zu essen und ernst zu flirten«, sagte ich. »Warum hast du deinen Halbbruder Klemens, dem du im Leib deiner Mutter den Kopf weggefressen hast, nicht hinter des Hohen Vieh schöner Scheune hervorgezerrt und ihn mitgebracht?« fragte Alexander.

Ich sagte: »Wir haben Klemens damals bange begraben. Ich sollte ursprünglich Benedikt heißen, wurde aber, angesichts des Todesfalles, Ernst genannt. Aber letzten Dienstag, bei der Truppe im Frankfurter Domklo, sah ich den Klemens: er stieg herauf aus dem Kanalisationsnetz der Stadt, ein trotziger, bleierner Kumpan, der Hüter meiner durch Trunksucht trocknenden Produktivität, er stieg herauf, zusammengesetzt aus Tausenden von zerfallenden Fäkalien, sein Blut geronnen zu Urin, seine Augen aus Schwefelresten, die Lippen aus Rotzfäden, so kam Klemens heraufgestiegen ans Abendlicht, kam im Dominikanerkloster durch die Tür, hielt dort Ausschau nach mir, mit Geduld und mit noch nicht vollends zerredeten Worten in seinen von Abwässern triefenden Blicken, ein Sohn dieser geliebten, geschundenen und bald ausgeweideten Stadt, dieser Fremdnis und Heimat befremdenden Denkens, die sich immer noch behauptet und die sich weiter behaupten wird. So stand nun Klemens an der Tür, legte eine Hand als Schirm über seine Brauen und schaute unbewegt herüber zu uns, wie ein triumphaler Zeuge argloser Demut vor Gott, der sehnend die Strecke mustert, so wahr Ruth ihn ohne Kopf zur Welt brachte. Er ist dann gegangen, indessen, ihr beiden Freunde, ich bin mit Klemens wiederum einen neuen trockenzahmen Schritt in Richtung von Sterns Christian mitgegangen.«

Titi sagte: »Wer so erzählen kann, der braucht kein Valium mehr.« Ich: »Der Tablettensucht werde ich nie mehr entrinnen, aber ich habe sie, dank der Truppe, mit meiner Trunksucht zum Stehen gebracht. Nur deshalb lernte ich wieder, frei zu erzählen. Keinesfalls aber kann ich die Tabletten liegen lassen, weil ich erzählen kann.« Alexander sagte: »Man muß völlig umdenken in allem, was man sich unter Krankheiten vorgestellt hat.« – »Naja, du mußtest, erinnere ich mich, früher auch mal umdenken«, sagte ich lachend.

Es hat sich für Alexander gelohnt, daß sein Alter ihm vor zwanzig Jahren die halben Knochen kaputt schlug, als Alexander in Köln anfing, Teile vom väterlichen Busch zu verhuren. Furchtbar zugerichtet kam er, es muß 1955 gewesen sein, eines Abends in Köln in den »Tabu«-Keller, soeben mit dem Leben davongekommen. »Ich komme von zuhause«, sagte er damals, ziemlich kühl. Er ist dann, mit einer unwahrscheinlichen Geschwindigkeit, Professor geworden und ist jetzt Graf plus Professor. Ihm kann, außer mit Titi, in Deutschland nichts passieren. Sein Alter ist nach der brillanten Habilitation Alexanders vor Ärger gestorben und sein Sohn erbte. Es war ein pädaneurotischer Erbfall. Und Titi kam und nahm Alexander, statt Valium.

INSCHRIFT

Zum Gebet Nr. 15

> »Ich glaube an die Sonne, obwohl ich sie nicht sehe, ich glaube an die Liebe, obwohl ich sie nicht spüre, ich glaube an Gott, obwohl ich ihn nicht erfahre.«
> *Inschrift im Warschauer Ghetto, nach dem Aufstand der Juden (1944).*

Wenn ich selber und allein auch keineswegs fähig bin, den Mut aufzubringen, Dinge zu ändern, die ich ändern kann, so kann ich aber Gott um den Mut bitten, dies zu versuchen. Und ich bedarf dieses Mutes. Denn mein Hochmut, mein Jähzorn und meine Unberechenbarkeit trieben mich hundert Mal dahin, die Truppe verlassen zu wollen, endlich den unaufhörlichen neuen Zustrom irreparabel scheinenden fremden nassen Elends, fremder Trockenwüste und eigener Machtlosigkeit (einziger Fülle gemeinsamer Genesung) zu ignorieren. Um eine Hintertür wieder aufzustoßen: wieder zu trinken.

Das gemeinsame Wohlergehen aber steht an der Spitze aller Traditionen aller echten Selbsthilfegruppen, lange vor der Alkoholikerselbsthilfe. Denn die Genesung des einzelnen wächst nur in eigener Hilfe für Leute im selben Boot.

Seit dem Tod Ulrike Meinhofs im Mai 1976 ging ich dazu über, jeden Morgen eines der in diesem Buch notierten, selbstgemachten Gebete zu wiederholen und zwar halte ich mich seither an die hier gegebene natürliche Abfolge; ist ein Durchgang vollendet, beginne ich wieder von vorne. Das Phantastische ist, daß jedes meiner Gebete aus der Wüste meiner Trockenheit und aus der Freude meines Trockenbleibens und aus dem Wissen, daß sinnliche Nüchternheit in diesen Gebeten existiert, längst bevor ich als Person sie erreiche, falls ich sie erreiche – daß jedes Gebet jederzeit meine erreichte oder nicht erreichte innere und äußere maximale Selbsthilfe komplex ausspricht, denn »heute trocken« ist das bonum maximum für mich, möglich nur durch meine Hilfe für andere. Keines meiner Gebete aus meiner Pionierzeit des mir Möglichen kann jemals veralten, denn um so freier ich mich zu mir hin entwickle, um so dringender bedarf ich der Nassen, der Neuen, der Trockenen und der Nüchternen in meiner Truppe: daher gewinnt jedes dieser Gebete aus der ersten, splitternden Zeit um so mahnendere Brisanz, je fühlbarer ich im Inneren erwache.

Daß ich, bei all dieser Einsicht und Erfahrung, außer meiner Willigkeit zum Verharren in diesen Gebetsdurchgängen, die Hilfe von anderen brauche (von Süchtigen und von Nichtsüchtigen), um in der weiter in mir schuftenden Sucht stehen zu bleiben und nicht wieder vor dem ersten neuen Glas zu kuschen, soll mir für immer diese hier festgehaltene Begebenheit verdeutlichen:

Morgens hatte ich mein Gebet um Mut zum Möglichen wiederholt, wie schon ungezählte Male seit seiner Entstehung; nach der Nachricht vom Tod der Ulrike Meinhof, wie erwähnt, mit Regelmäßigkeit. Es war am Ende meines fünften Jahres ohne Rückfall. Und ich war ebenfalls am Ende mit mir. Alles ging aufwärts und ich war am Ende mit mir und mit allem um mich herum, hatte nur noch den Gedanken, Schluß zu machen. In meiner Wohnung hatte es jahrelang keinen Alkohol und keine Tabletten mehr gegeben.

Ich besorgte mir Medikamente zum Durchflug und eine Flasche Stroh-Rum. Eine Lesung an der Nordseeküste stand bevor. Ich legte die Lebersprengkombination zu meinen Reisesachen und nahm mir vor, die Lesung in der gewohnten Weise anständig durchzuziehen und dann im Hotel Schluß zu machen.

Am Abend vor der Abreise besuchte Hermann Demeter Schneeflocke und mich. Kennengelernt hatten wir uns bei unseren Freunden Cati und Peter Patel in Assenheim. Seit jenem ersten Kennenlernen empfing ich von Demeter wesentliche geistige Anregungen und Ermutigungen.

An jenem Abend schrieb er mir die Inschrift aus dem Warschauer Ghetto, nach dem Aufstand der Juden 1944 dort vorgefunden, in Schneeflockes und mein Gästebuch. Ich las das und identifizierte mich vollkommen mit den drei Aussagen jener Inschrift. Tags darauf fuhr ich ohne meine Selbstmordware nach Norddeutschland. Seither ist Demeters Geschenk eine Gabe zur Akzeptierung meines ganz anderen Ghettos und seines lebendigen Nutzens: neuer ehrlicher Bemühung um mehr Machtlosigkeit. Denn der Aufstand machtloser Alkoholiker im Ghetto bleibender Sucht und in den Selbsthilfegruppen wird nie zu einem Sieg führen, aber zu sinnlicher Nüchternheit in den Ketten der dauernden Todesgefährdung bei denjenigen werden, die die dafür erforderlichen und bekannten und bewährten Schritte in Geduld tun. Einer meiner wichtigsten Schritte ist der Mut, geistige Fremdhilfen in letzter Minute, die aus der Fremde kommen, mit den Kräften meines Unbetrunkenseins aufzunehmen und ihre Botschaft immer wieder als verbindlich zu verstehen.

MEINE MOTIVE

Zum Gebet Nr. 16

Mein stärkstes Motiv, nicht mehr zu trinken, heißt Staunen. Ich beginne mit Selbsthilfe und bleibe trocken, erlebe mich unbetrunken und staune, daß Dinge, die mir Leute vor Jahren in der Truppe sagten, so eintreffen, wie sie da mitgeteilt wurden.

Mein seligstes Motiv, nicht mehr zu trinken, heißt beginnende Selbstachtung. Ich beginne mich zu achten, weil ich am Anfang meiner Selbsthilfe in der Truppe anderen getraut habe, obwohl ich keine Hoffnung hatte, dafür jemals den Funken eines Gelingens selber zu erleben. Denn ich war ganz sicher, es nicht zu schaffen, trocken durch das erste Jahr zu kommen, in dem neunzig von hundert Neuankömmlingen vom ersten neuen Glas wieder wegrasiert werden.

Mein ruhigstes Motiv, nicht mehr zu trinken, heißt Dankbarkeit.

Mein abenteuerlichstes Motiv, nicht mehr zu trinken, heißt ›heute‹. Daß es heute für mich genügt, nur im jeweiligen Heute das erste Glas stehen zu lassen, ist das abenteuerlichste Geschenk aus der Truppe.

Zum Gebet Nr. 17

»Liebe ist das Zeichen, daß ich lebe,
fehlt sie, ist der Tod nahe.«
Birgit Sybille Gathof (1977)

Heimat ist mehr innere Demokratie. So überwand ich meine Sucht, mich in meiner Buchstabeneinöde und Gnadenhöll zu schinden, fuhr mit Eleonora heim, zu Ruth. Wir kamen zwar einen Tag zu spät, um ihren siebzigsten Geburtstag mitzufeiern, da ich mich in Wien aufhielt zwischen zwei Motivskizzen, aber meine sardonische Mama nahm das hin und meinte: »Das Semikolon dank Wien war dir eben wichtiger als ich alte Schachtel. O, Ernst, rede mir nicht vom Steinhäger, dein Leben und Schreiben kommt zuletzt doch bloß von den homburgischen Erbsächelchen.« – »Verehrte Ruth, es sind vielleicht doch mehr chinesische als homburgische Erbsächelchen«, sagte ich. Ruth nahm es lächelnd hin.

Ihres Vorfahrs Christian lange und solide Hochzeitsliebe mit der holden Li aus Shanghai, zweiundzwanzig festhintrige und schreibtreue und pfarrherrenruhige, genußerprobte Jahre hindurch vollendet in Bückeburg (1844–1866), in denen mein Vorfahr Christian seine Li in den kleinen Notizheften immerzu zitierte (»da ich dieses helle Weib so liebe«), diese Liebe hat Ruth immer imponiert und es ist vielleicht wiederum riskant, aber gewiß nicht willkürlich, wenn ich vermute, daß Ruth, der wenig imponiert, mit Wilm ihre nicht endende Hochzeitsliebe trotz Eheführung bis zum

Abscheiden des einen, dem Christian und der Li einfach nachgeahmt hatte. Als Schneeflocke und ich nun heute bei ihr zum Geburtstagskaffee erschienen, kam sie noch einmal auf meine chinesische Geduld zu sprechen. »Was für eine Geduld ist das, erzähle«, sagte sie. Ich erzählte.

Ich praktiziere drei Sorten Geduld, da ich es, bei meinem hochmütigen, jähzornigen und unberechenbaren Charakter nötig habe. In Anfällen des Hochmuts praktiziere ich afrikanische (kreatürliche) Geduld; in Anfällen des Jähzorns fange ich mich inzwischen, immer wieder habe ich es nun bewußt geübt, dank asiatischer (mich hinterfragender) Geduld; in meinen oft kaum zu ertragenden Anfällen von geistiger Verwilderung bemühe ich mich um chinesische Geduld (demutsvollem Ausharren vor bestimmten spekulativen Ideen).

Ruth fand nun, nachdem ich ihr erzählt hatte, meine Korrektur am Telefon, vor einigen Tagen, »gelinder«. – »Liest du denn auch manchmal in den alten Notizheftchen des Christian?« fragte sie mich. »Viel zu selten, ich meine immer, ich könnte es überstürzen«, sagte ich. Aber dann konnte ich es doch nicht unterlassen, ein Lied zu zitieren, welches ich, in des Christian feiner und freier Handschrift, in Frankfurt aufbewahre. Ich kann es auswendig. Es rührt mich so, weil aus den Aufzeichnungen dieses Mannes sein oft stocksaurer und ebenso verwegener wie gefühlsstarker Charakter hervorgeht, denn immerhin hat diese Frostmiene, mit einigen anderen Sturherren aus der Umgebung, die Kirchenzucht in Westfalen handgreiflich zu Ende gebracht. Und diesen ernsten und vielleicht auch sonst oft harten Mann als Schreiber eines Liedleins zu entdecken, da der Christian zweiundzwanzig war, bewegt und rührt mich:

Der Schnee gerinnt, der Mai be-
ginnt, die Blüthen keimen schön
auf den Bäumen, und Vögelschall
tönt überall.

Pflückt einen Kranz, und haltet
Tanz in grünen Hainen, ihr lieben
Kleinen, wo junge Maien uns Küh-
lung streun.

Wer weiß, wie bald die Glocke
schallt, da wir der Maien uns nicht mehr
freuen. – Wer weiß, wie bald die Glocke
schallt.

Drum werdet froh; Gott will
es so, der uns das Leben zur Lust ge-
geben. Genießt die Zeit, die Gott
verleiht! Den 3. April 1834

Ich habe des Christian Zeilengebung hier wiederholt. Ewig entzücken wird mich wohl, in der ersten Strophe, sein unbefangenes »die Blüthen keimen schön«, neue Zeile: »auf den Bäumen«. Daß Christian selber der Urheber seines Frühlingsliedes ist, geht aus vielen Einzelheiten hervor, die in dieser Chronik unwichtig sind, aber zur Gewißheit macht es mir die letzte Strophe, in der der unverdrossene Notar seiner Liebe zu Li alles fein resümiert. Dem Geist dieser Strophe entspricht der Alltag seiner mit Li und mit seinen Freunden bestrittenen hedonistischen Liebesfreuden.

Christians Frömmigkeit, die ihn lustvoll machte mit anderen und die seinen wahrscheinlich wüsten Charakter wenigstens sehnend abmilderte, diese Frömmigkeit zum Froherwerden vor Gott und den Mitleuten in der kargen, grünen westfälischen Wildnis von dazumal, sie eben überzeugt mich ganz davon, daß sie echt war, denn wenn Kreaturen sich in Lust gewaltlos miteinander vollenden, tun sie den Willen Gottes.

Ich fragte Ruth, nachdem ich das Lied ihres Vorfahrs zitiert hatte: »Ob dein Vater, das Hohe Vieh, an seinen Großvater gedacht haben mag, als er mir da in der Kindheit, bei einem seiner Scheißhauszeremonials, unter die Weste schob, Gott hätte einen Halbbruder zur Aufrechterhaltung der Phantasie auf Erden, Sterns Christian mit Namen?« – »Kann sein, du Kreuzotter von einem Heimatgedächtnis«, sagte meine Mutter und dann sagte sie: »Da komme ich doch, o Schock, schwere Not, noch an meinem Siebzigsten ins Phantasieren.« – »Und ich phantasiere auch nun«, sagte ich. »Wovon?« fragte Ruth. »Davon, daß ich nachahme, was du dem Christian und seiner Li mit deinem Wilm nachgemacht hast, unvollkommene und oft auch schmerzbetonte treue Liebe mit der Schneeflocke bis zum Abscheiden des einen oder des anderen«, sagte ich. Ruth betrachtete uns. »Ist es immer noch so fester Klüngel mit euch beiden?« fragte sie. Schneeflocke sagte: »So lange der Notar notiert, oder!« – »Ja, und das Fremdgehen, wirds weniger süchtig?« fragte Ruth. Schneeflocke sagte lachend: »Das Fremdgehen ist das heftigste Heimkommen bei ihm. Es ist doch alles nur sein Suchen nach der Sprache der fremden Frauen, denn er behauptet, nur Frauen haben fremde Sprache für ihn.« – »Kinder, was seid ihr für Demokraten«, sagte Ruth und bekreuzigte sich.

BESCHENKT

Zum Gebet Nr. 18

Ich bin nicht die Mitte meiner Gebete und nicht die Mitte von Liebreichs Chronik in meinen Gebeten in die Gottesferne; ich bin nur der Notar dessen, was mir, betend, geistig auffällt, weil meine Truppe mir ein inneres Erwachen schenkt. Ich bin die Existenz, die durch alle in diesem Buch mitgeteilten fremden geistigen Hilfen und durch die Liebe Gottes zu der mir notwendigen Selbsthilfe fähig ist. Mir genügt, im Abglanz des einzig Guten, der nüchternen Seligkeit des Schönen in dem hier fortnotierten Werk der Sprache, heute das erste Glas stehen zu lassen.

THEMA SELBSTHILFE

Zum Gebet Nr. 19

> Selbsthilfe: Hilfe für mich selber und durch mich selber – als meine leistungsfreie Hilfe für Leute in meiner Lage: nicht morgen, jetzt.

Ereignis: In Frankfurt ist die erste NA (Narcotics Anonymous) gegründet worden, eine Selbsthilfegruppe für Rauschgiftsüchtige. Nach dem Muster der AA (Alcoholics Anonymous) und mit den 12 Schritten der AA, selbstfinanziert und ohne die bis heute in den Drogentherapien mit der Fremdfinanzierung verbundenen Aufpasser mit null Ahnung.

Was ich Christiane im Winter 1973 in der Klinik empfahl, ist nun in Frankfurt gemacht worden. NA ist in USA seit einem Jahr probegelaufen und Stefanie hat nun hier die erste dieser Gruppen in Europa aufgemacht. Alle Süchtigen der Nadel (Heroin, Morphium, Kristalle), auf Gras (Marihuana), Shit (Haschisch), Trips (LSD) und alle Umsteiger auf Nadel können sich nun freitags, 20 Uhr, im 97. Armeehospital, Gießener Straße, treffen und nach dem Meeting der Narcotics Anonymous fragen. Finanziert wird diese Gruppe durch eigene, freiwillige Spenden. Die theoretisierenden Leute, die den Narcotics heute noch zu sagen riskieren, sie sollen von der Nadel runter und ruhig Alkohol nehmen, bar jeder Ahnung von Sucht, haben dort nichts mehr verloren.

Es gibt nun in Frankfurt also Selbsthilfegruppen für Alkoholiker und für Tablettensüchtige (AA: Alcoholics Anonymous), für seelisch Kranke (EA: Emotions Anonymous) und für Junkies (NA: Narcotics Anonymous).

Alle arbeiten mit den 12 Schritten der AA, diesem bis heute an Genesungsfülle unerreichten geistigen Programm aus Handlungsempfehlungen, welches diese Selbsthilfegruppen davor bewahrt, krankheitsverschlimmernde Analysier- und Diskussionsklubs zu werden. Sie alle haben die drei geistigen Prinzipien, mit deren Anwendung Selbsthilfe von fortgesetztem geleugneten Versorgungswahn sich unterscheidet: Freiwilligkeit und Toleranz gegen Andershandelnde, Selbstfinanzierung und strikte Beschränkung auf Betroffene, Gruppenselbsthilfe auf Dauer und Verzicht auf jedes Missionieren. Denn Selbsthilfe ist das Ende aller Weltveränderungssucht. Selbsthilfe ist jedermann möglich, den ein persönlicher Tiefpunkt von der Illusion kuriert hat, er sei verpflichtet, die Welt zu retten.

Erste vorläufige Erfahrung mit Selbsthilfe: Selbsthilfe ist immer Gruppenselbsthilfe. Selbsthilfe ist Hilfe durch mich selber und für mich, durch meine Hilfe für Leute im selben Boot. Sie gelingt nur, wenn sie freiwillig, kostenlos und auf Dauer unternommen und fortgeführt wird, und allein in der Weise, daß Betroffene vom selben Hauptproblem ihre Erfahrung, Kraft und Zuversicht aus Mißlungenem und aus nun Gelingenderem miteinander teilen, durch Zuhören, Nichtunterbrechen derer, die sprechen, und durch kurzgefaßtes und ausgewogenes Erzählen von sich selber, immer bezogen auf das gemeinsame Problem und durch die bewußte und übende Unterscheidung des gemeinsamen Problems von allen anderen, unwichtigeren Schwierigkeiten.

Zweite vorläufige Erfahrung mit Selbsthilfe: Selbsthilfe in freiwillig versammelter und geschäftsfreier Problemgemeinschaft braucht eine so lange gemeinschaftliche Genesungszeit, durch so viele kleine Schritte hindurch, weil dem phasenhaft sich verschlimmernden Krankheitsverlauf ein ebenso phasenhaft sich bessernder Genesungsverlauf entspricht. Wer aus der Selbsthilfe aussteigt, nachdem es ihm besser geht, wird daran scheitern.

Dritte vorläufige Erfahrung mit Selbsthilfe: Sie setzt eigene Energie und gemeinschaftliche Nichtenergie in einen lebendigen Zusammenhang: Genesung des einzelnen. Die gemeinschaftliche Nichtenergie: die in einer machtlosen Gruppe gesammelte Leidensenergie der einzelnen. Nichtenergie ändert gesammelte Leidensenergie in Schmerzkraft beim einzelnen. Die Schmerzkraft klärt das Unglück im einzelnen. Die Gruppe schenkt ihm Erfahrung, Kraft und Zuversicht, dieses Unglück zu tragen und den Sinn seiner Leiden nicht zu mißachten, sondern ihn auszuleben.

Der mißachtetste Mensch neben uns, der wissend stirbt in seinem langen begrabenen Leben, in dem er unsere Mißachtung fühlt, er ist aufgeklärter als alle anerkannteren und forschenden Leute um ihn herum. Daher wird jeder Funke Interesse an einem solchen Mißachteten eine bleibende Hilfe für jeden, der zu solchem Interesse (noch) fähig ist. Solche Versuche zur ruhmlosen Liebe zu einem Mißachteten sind eine erste Erfahrung dessen, was Gruppenselbsthilfe vermag, wenn sie freiwillig, regelmäßig und selbstfinanziert ist.

Wer nur noch einen einzigen Tag hat, um seine Zuversicht aus willig akzeptierter Krankheit anderen erzählerisch mitzuteilen, der hat noch vierundzwanzig Stunden Zeit, einer am tiefsten in Sprachlosigkeit leidenden Zeitgenossenschaft ein Signal der Liebe zu schenken. Er kann stündlich sterben, aber in den Herzen derer, die mit ihm lebten, wird er eine Hütte der Freude in unserer Zeitlichkeit haben.

Selbsthilfe ist keine Welthilfe, sondern sie ist das, was im

Titel dieser Notiz gesagt ist: sie funktioniert nur bei Leuten mit ausreichendem Leidensdruck, die das Mögliche freiwillig, sofort und dann auf Dauer unternehmen.

OMEN

Zum Gebet Nr. 20

Meinem Freund Henry gewidmet:

Der Alkoholiker bleibt krank. Sein Geist und Gebein wandern unberechenbar in der Welt. Darum braucht er, hin und wieder, einen heftigen Nackenschlag, um aus seiner hochanwesenden Abwesenheit zu erwachen, seine Angst-, Zorn-, Schmerz- und Lustlügen zu ordnen, um alsbald zu neuer und, bei Glück, schwierigerer Pilgrimschaft tollkühn aufzubrechen.

Unsere Branche, Henry, bleibt sauer. Denn nur in der untersten Etage des Friedhofs findet ein Steindösel unserer Suchtsorte Gesellinnen und Genossen, die nicht beim erstbesten Sorgenfurz alle Viere von sich strecken. Doch im Verein mit ihnen ist noch der hirnrissigste Kranke eine fidele Erscheinung und, Amen, eine Zierde des vorläufigen Menschengeschlechts.

ENTSETZEN

Zum Gebet Nr. 21

Uta trank kurz nach ihrem 10. Jahrestag das erste neue Glas. Sie kam ins Dominikanerkloster, demoralisiert. Im Meeting sagte sie nur: »Ich bin, ab dem neunten Jahr ohne Rückfall, aus der Truppe weggeblieben. Kurz nach dem 10. Geburtstag habe ich gesoffen. Ich bin hergekommen, um es euch mitzuteilen.«

Nach dem Meeting wartete sie in der Halle auf mich. Sagte: »Ernst, du bist doch gescheit. Gehe immer da durch diese Tür, was auch passiert, wie sehr es dich auch manchmal ankotzen mag, vergiß nie, daß du nur trocken bleibst, so lange du durch deine Anwesenheit anderen hilfst, ohne dich bemühen zu müssen.« Konsterniert fragte ich Uta: »Was ist los? Du bist wieder hier, Mädchen! Deine zehn Jahre ohne Glas haben dir geholfen, zu leben. Und jetzt ziehen wir den Rest zusammen durch.« Uta gab mir die Hand und sagte: »Ich kann es nicht mehr packen.« Sie wollte nicht mehr mit mir und einigen anderen einen Kaffee trinken und ging durch die Glastür.

Das war an einem Dienstag. Am darauffolgenden Dienstag teilte Kettenernst uns mit, daß Uta in einer Satellitenstadt bei Frankfurt aus dem 15. Stockwerk gesprungen ist, daß sie bereits eingeäschert ist. In dem Entsetzen, welches mich packte, ging mir auf, daß sie extra noch einmal zu uns ins Dominikanerkloster gekommen war, um uns zu sagen, daß es schief geht, wenn man der Truppe fernbleibt.

KARWOCHE

Zum Gebet Nr. 22

Meinem Freund Schnepfen-Bernhard in ziemlicher Genugtuung und Lust vor seinem gotterfüllten Frankfurter Atheismus gewidmet.

Die diesjährige Karwoche ist vorüber, möge sie für mich nie mehr nur eine Woche der Trauer und der Verzweiflung nach Daten werden, sondern lebendige Dauer aus Zuversicht in meiner irdischen Wanderung zum Ableben, zu der Wahrheit dank dem wirkenden liebreichen Tod in mir und in anderen, die nicht mehr trinken müssen, weil ihr Wunsch hierzu aufrichtig wurde, meßbar an ihrem pünktlichen und freiwilligen Erscheinen in der Truppe.

Damit die Geschichte der Karwoche nicht mit diesen sieben Tagen und Nächten endigt, will ich mir vergegenwärtigen, was die sterbenden Leibesreste des Geschundenen am Kreuz mir und allen, die es hören wollen, zuhauchten, bevor Christus erlöst wurde: »Liebt Gott und jeder liebe seinen Nächsten wie sich selber, und liebt eure Feinde.« Oft berichtet, viel gelesen und immer wieder gehört von Zeitgenossinnen und Zeitgenossen, die keine Furcht mehr hatten, belächelt zu werden in diesem jetzt grassierenden Atheismus aus massiven Leiden, in denen Anmaßungen jeder nur möglichen Herrschaftsform die übelsten Gewinne sicherstellt, möchte ich mir heute vergegenwärtigen, wie ich diese Worte vom gelingenden Weg der Liebe in aller Nichtliebe höre und erfasse. Denn ich kann nur verstehen, was ich schreibe; denn mein Reden ist entweder nur Üben zum Handeln oder reine Wirklichkeitsflucht.

Gott verstehe ich nicht, er ist zu fern und zu geheimnisvoll für mich. Gehe ich als Ameise im Urwald, so bin ich froh, ein Hölzlein auf dem Boden zu überklettern, starre mit meinem Facettenblick vor mich hin und wähne, ich mit meinem Ameisendasein begriffe diesen Quadratzentimeter Welt. Doch um mich herum Urwald, Schlangen, Vögel, Himmel, Elefanten. Steht dort neben mir Ameise ein Elefant? Was sähe ich denn schon von ihm? Gäbe mir ein günstiges Geschick die Kraft, auf einen seiner Füße zu klimmen, vielleicht nur auf das Riesengelände einer seiner Hautfalten, trüge der Elefant mich mit sich fort, sicher durch den Urwald wie jeden Exspecht seine Selbsthilfetruppe – begriffe ich darum irgendwas von dieser unendlich komplexeren Wirklichkeit des Urwalds, ich als Ameise? Sicher verstehe ich Mensch Gott noch weniger als eine Ameise einen Elefanten im Urwald – aber Gott hat mir einen Funken Geist geschenkt, wenigstens mein Nichtbegreifen zu verstehen, wenigstens dies. Indessen erkenne ich, wenn ich nicht trinke, unter vielen Ohnmächtigen einige Machtlose. Was sie erzählen, was sie tun und unterlassen, was sie mir empfehlen, weckt mein Interesse stark. In solchen Leuten meine ich den Willen Gottes zu erahnen, oft zu verstehen. Daß Gott sich für mich Menschen durch andere Menschen, die ich achten kann, immer neu und immer lebhaft äußert, genügt mir.

Wenn ich mich selber liebe, kann ich auch andere lieben. Liebe ich mich aber nicht, kann ich auch niemand sonst lieben. Dies scheint ein inneres Gesetz zu sein; ich sehe mich nicht genötigt, es zu interpretieren, ich sehe die Möglichkeit, es zu leben. Wie aber soll ich mich lieben? Indem ich einen Größeren, der mir Kleinem freien Willen gab, dafür forschend und sehnend, erkenntnisfreudig und fragend liebe. Gott, liebe ich dich? Wie kommt es, daß ich mir zumindest eine ruhige Selbstachtung schenke, wenn ich nicht trinke? Ist dies der Anfang meiner Liebe zu mir?

Meine Feinde machen mich, weil sie mir feindlich gesinnt sind, mit Zügen in mir vertraut, die zu ändern mir dringend erforderlich bleibt. Feinde decken meine unguten Seiten nicht barmherzig mit Schönwetterprosa zu und darum sind meine Feinde unbedingt liebenswert. Was mir durch Feindschaft erbarmungslos vor meinen Blick gestellt wurde, erwies sich stets als klärender denn alle Beschönigungen im Namen der Liebe, die halb Liebe und halb Herrschlust dank erwiderter Liebe war. Liebe beschönigt nichts und rettet alles; Feindschaft beschönigt nichts und klärt alles. Ist Feindschaft (auch) einer der tausend Wege zu ehrlicherer Liebe?

Diese Dinge habe ich in dieser Karwoche einem erbitterten Feind von mir gesagt. Er bekam einen tiefen und hellen Schock. Er hat einen Tag gebraucht, dann hat er mich informiert, daß er immer noch mein Feind ist, aber daß er mich nicht mehr vernichten wolle. »Jetzt sollst du leben, du Hund, und es ausleben«, sagte er kalt. Ich bekam heiße und wogende Angst bei diesen Worten, aber es ist eine nie erlebte geistige Anerkennung dieses Menschen in meinem Inneren erwacht. Vielleicht werde ich niemals fähig werden, meinen Feind so zu lieben, wie er es nach allem längst verdient. Denn ich bin müde, erschöpft, gerädert. Aber es kann sich noch ändern, weil wenigstens aus unserem ersten radikalen Gespräch nach Jahren ein Aufhören meiner Tendenz, diesen Mann beständig herabzusetzen, eingetreten ist. Und mir ist, er und ich werden diesen Stand so lange halten können, bis ich weniger zermürbt bin und er erkennt, daß ich tatsächlich seiner Aufforderung nachzukommen willig werde.

Die Machtlosigkeit statt der Ohnmacht in der nassen Zeit kann es zuwege bringen und die Geduld im erlebten Umschlagen des Hasses in Interesse am anderen durch radikales Sprechen kann diese mir jetzt noch absolut wahnsinnig erscheinenden Worte, meinen Feind zu lieben, schrittweise zum Antrieb machen, den Sinn dieser Botschaft der Karwoche zu verwirklichen.

INNERE GEFANGENSCHAFT

Zum Gebet Nr. 23

> »Kunst, selbst die Kunst mit dem weitesten Spielraum und der tiefsten Vision, kann uns niemals die äußere Welt zeigen. Alles, was sie uns zeigt, ist unsere eigene Seele, die einzige Welt, von der wir überhaupt eine wirkliche Kenntnis haben. Und die Seele selbst, die Seele von jedem einzelnen von uns, ist für jeden von uns ein Geheimnis.
>
> *Oscar Wilde (1854–1900)*

Im Herbst des Jahres 1969 transportierte Schneeflocke mich, einen Kranken mit Erfahrung in lebendigem Verstorbensein und mit rettenden Monotonien (Schweigen, Trinken und Schreiben), aus dem Tessin zurück in Richtung Frankfurt. Wir machten Station im schönen Chiemgau und besuchten dort Freunde: Usch und Fred Dahmen.

Wir kamen in Pittenhart an, betraten das Haus, gerieten in eine kleine Nachmittagsgesellschaft. Ein Mann trat in mein Blickfeld. »Werner Arndt«, sagte der Mann. Ich behalf mir mit meinen soliden Floskeln.

Der Mann, hager und still, wirkte völlig isoliert in jenem Kreis und, jenseits jeder Höflichkeit oder Unhöflichkeit, so ernst wie ich selber. Er kam mir vor wie jener halbstumme Grieche, der sich den Mund mit Steinen gefüllt hatte, um Sprechen zu lernen. Ich, gewöhnlich fähig, eine Unterhaltung mit stoischer Rollenfasson über die Strecke zu bringen, zog mich von jenem Fremden innerlich zurück. Daß er sich mir mit einem Vor- und Nachnamen vorstellte wie jedermann, erschien mir nach einer Stunde bereits wie ein obszöner Akt. Die Unbeholfenheit dieses Menschen in Uschs cercle ließ in meiner Krankheit Packeis entstehen. Ich witterte in diesem Fremden inspiriertes Unglück, Begreifen des Unterschieds zwischen Unglück und Leiden. Schließlich sagte Werner Arndt zu mir, auch er sei, wie Fred, ein Maler.

Wir übernachteten im Hause Uschs und Freds. Beim Frühstück mit ihnen sagte ich zu Fred: »Wir sind alle schon gestorben, es werden nur wenige sein, bei denen diese Erfahrung zu ihren Lebzeiten eintrifft. Warum kannst du noch arbeiten? Es werden immer weniger werden, die ihre innere Gefangenschaft begreifen und die ihr Verstorbensein mit einem lebenswerten Tod abschließen können.« Damit begann ich alles um mich herum zu vergessen.

In der Osterzeit dieses Jahres (1978) erreichte mich der Anruf einer Frau: »Eva – erinnern Sie sich noch an einen Herbstnachmittag bei den Dahmens im Chiemgau? Herbst 1969? An den Maler Werner Arndt?« – »Eva? Eine Frau aus München?« fragte ich. »Ja, aus München, damals lebte ich in München. Ich war an jenem Nachmittag mit Werner Arndt gekommen, traf dort Sie und Ihre Frau. Eleonora. Schneeflocke nannten Sie sie. Gibt es Sie noch?« Ich sagte: »Ja, es gibt Schneeflocke noch, und es geht ihr sogar passabel.« – »Ach, ich meinte – gibt es Sie beide noch?« fragte Eva. »Es gibt uns beide noch«, sagte ich und erinnerte mich mit meinem grauenvollen exakten Gedächtnis, daß ich am 9. Juli 1977 in meinem Tagebuch gefragt habe, ob ich eines Tages in die Sprache vom Unheimlichen eintreten würde? In diesem Augenblick, da ich zu Eva sagte, es gäbe uns noch beide, hatte ich den Eindruck, daß ich am Ende dieses Jahres, des fünften Jahrs meiner fortbestehenden inneren Gefangenschaft nach dem Trinkstop, in die Sprache vom Unheimlichen eintreten werde. »Herr Arndt hat in den ganzen Jahren seither oft von Ihnen gesprochen, und er läßt durch mich fragen, ob man sich einmal wiedersehen könnte?« – »Das ist möglich«, sagte ich, und wir trafen die Verabredung.

Schneeflocke und ich fuhren nach Eisenbach im Taunus. Wir hielten am Holzplatz eines Sägewerks und sahen, auf einer Anhöhe, ein Holzhaus in einer wuchernden grünenden Wildnis.

Am Fenster dieses Holzhauses erschien ein Gesicht, dann ein Arm, der heraufwies. Wir verließen den Wagen, gingen einen Teerweg hinauf.

Hinter einem Staketenzaun erschien Werner Arndt. Wir durchschritten sein Gartentor. Dann sah ich die Cager (Cager = Personifizierung des engl.: cage, Käfig), die Wesen, die Existenzen in den offenen Käfigen. Ich sah zuerst einen Kauernden. Sein offener Käfig war beengt. Kopf, Hände und Füße des Kauernden waren erhalten, sonst blickte ich in Hohlheit, aufgebrochene Seiten, in Leere. Ich sah mich.

Ich fragte Arndt: »Gibt es, für Sie, einen Unterschied zwischen Leiden und Unglück?« Er antwortete: »Leiden können ein für die schöpferische Arbeit fruchtbarer Zustand sein, wenn man diesen Zustand akzeptiert. Unglück kommt von außen und kann Leid auslösen.« Ich erlebe es ganz anders, aber das ist ja das Lebendige in allen Sprachen, daß unterschiedlichste Verstehensweisen der selben Wörter Gespräche ermöglichen, Gewalt mindern. »Woran leiden Sie am meisten?« fragte ich. Arndt: »An der Einsamkeit, diesem geringen Kontakt zu Menschen, die Kunst interessiert.« Ich sagte: »Ich empfinde meine Einsamkeit als wundersame Gabe, aber das Alleinsein und die Einsamkeit dazu, das ist oft kaum auszuhalten. Das Alleinsein empfinde ich als den geringen Kontakt zu mir selber, der meinen Hang zur Selbsteinschließung fördert. Änderte ich es nicht immer wieder, ich wäre längst tot.«

Werner Arndt überlegte, dann sagte er: »Ich komme durch unsere Unterhaltung darauf, daß Einsamkeit wahrscheinlich geringer Kontakt zu mir selber ist.« Wiederum ist es ganz anders bei mir, und wiederum verstand ich Arndt gut, weil ich zur Kenntnis nahm, was er mir von sich sagte. Ich fragte: »Was betrachten Sie als Ihr größtes Unglück?« – »Künstler geworden zu sein«, sagte der nüchterne Mann. »Wie erleben Sie innere Gefangenschaft?« fragte ich. »Als meinen Zwang, solche Wesen in solchen Käfigen machen zu müssen«, sagte er.

»Wie reagierte ich bei meinem Besuch in Eisenbach auf den unerwarteten Anblick Ihrer Arbeiten?« fragte ich Arndt, als er mich vor einer Woche in Frankfurt besuchte. »Sie waren sehr schweigsam. Ich fühlte sofort dieses intensive Schweigen. Zu Eva sagte ich später, daß ich Sie schon vor Jahren für einen Menschen gehalten habe, der sich vorwiegend schreibend äußert. Ich war, damals im Chiemgau und jetzt, bei Ihrem Besuch in Eisenbach, übrigens ganz sicher, daß Sie verstehen, was ich mache.« Ich fragte: »Wie reagierte ich auf die Menschenreste in den Käfigen?« Antwort: »Sie sagten schließlich knapp und eindeutig, mit diesen Restexistenzen in den offenen Käfigen könnten Sie sich identifizieren, und es sei Ihnen am unheimlichsten, daß die Käfige offen sind, denn damit sei es nun vollends klar, daß da wohl nie einer mehr herauskäme.« – »Habe ich das tatsächlich gesagt?« fragte ich, und Arndt sagte: »Wörtlich. Denn Sie waren ja viele Jahre so kaputt wie diese Wesen da, so leer, so ausgebrannt.« Ich sagte: »Der

Anblick solcher Wesensreste muß überzeugend erhalten bleiben.«

Ich dachte an mein Käfigleben mit Schneeflocke und mit mir selber und an Schneeflockes Käfigleben mit mir. Es war fühlbare Beengung für uns beide, aber es war (für mich in jedem Fall) auch bejahte innere Gefangenschaft mit dieser Frau. Auf einmal sah ich mich, in den das Kunstwerk entmystifizierenden Worten Werner Arndts, mit meinen Resten Stirn, Händen, Füßen. Direkte geistige Schau dank der kargen Werkstattsprache Arndts: meine Stirn zur Umschalung meiner Geistesleere, meine Hände zum Schreiben, meine Füße zum Hin- und Hergehen im Käfig und im Arbeitsraum.

Arndt fuhr fort: »Wenn im eisernen Modellkäfig die richtige Größe für den Cager gefunden ist, fertige ich aus Holzlatten ein Negativmodell des Käfigs. Es wird gewachst, sodann mit Glasfasersträngen und mit Harz ausgelegt.« Und wiederum sah ich mich, wie ich bin, suchtkrank und trokken, autoritär und geil, geduldig im Schaffen, furchtlos vor Schwachen, hochmütig gegen mich und kochend in diesen Widersprüchen. Die unkäufliche und ruhige, entgegenkommende Sprache des Mannes, der das Anstößige in mir freilegte durch seine Cager, war an diesem Tage jene geistige Fremdhilfe, die mich leitete, mein Käfigleben mit mir und mit Schneeflocke und mit vielen von euch ohne Selbstmitleid zu bejahen, mit radauloser Liebe und ohne Illusionen.

Wir standen auf und gingen beide zum Fenster meiner Schreibeinöde, dieser Festung des Alphabets, der bleibenden Architektur wachsender Liebe zu allen Wesen in bejahter innerer Gefangenschaft. Wir betrachteten die großen Kastanien draußen in der Hansaallee, ein Meer aus frischem

Grün. »Gewöhnlich suche ich keine ganz jungen Menschen für meine Cager. Würden Sie mir eines Tages erlauben, einige Teile von Ihnen abzuformen?« fragte Arndt. Mich packte Furcht, aber dann sagte ich: »Gewiß – wenn Sie es wünschen.«

STEINGUT

Zum Gebet Nr. 24

Tablettenpeter,
dem Elendesten der Schwachen
von uns Tag- und Nachtleuten,
in Liebe gewidmet:
Die Schwächsten werden die Stärksten sein,
die Stärksten werden die Schwächsten sein,
die Machtlosen werden die Nüchternen sein.

Am 29. Dezember 1978 rief Tablettenpeter mich an. Er war von einigen von uns bereits totgesagt. Je länger er in seiner Hölle der Politoxomanie litt, umso entschiedener hatte ich ihm Mut gemacht, denn dieser Mann kam in die Meetings. Heute sagte er zu mir, in jener Herrgottsfrühe, die uns Süchtige so telefonräuschig macht: »Ernst – ob du es glaubst oder nicht, ich bin heute clean, zum erstenmal seit genau drei Jahren, die ich im Dominikanerkloster rein- und rausgeschlichen bin, bin ich heute zum erstenmal wirklich clean: frei von allen Suchtmitteln, Alkohol, Tabletten und Drogen, Pot und LSD.« – »Peter, wie fühlst du dich jetzt?« fragte ich. »Ruhig und befreit. Etwas Frieden, mutmaßlich«, sagte er und lachte, hohl zwar, aber leichtatmig. »Ich denke, wir sollten einen Kaffee miteinander trinken auf diese Weihnachtsgeschichte«, sagte ich und konnte es noch nicht fassen.

Peter war hier. Er legte mir ein Buch auf den Tisch und sagte: »Das hat mir meine Mutter zum Geburtstag geschenkt, sagte damals, dem, was da drin stünde, dürfte ich trauen, verkommen genug wäre ich dafür. Sie holte das Buch umständlich aus ihrem Siegerländer Steingutfaß, in dem sie es schon länger verwahrt hatte. Was habe ich auf dieses Buch geschimpft, Mann. So genau, wie es da drin steht, wollte ich es verdammt nicht wissen!« Ich kannte die Version schon und sagte lachend: »Peter, ich mache auch wie du bloß für heute meine kranken Kuh- und Dreckaugen unbesoffen auf, aber was deine Steingutmutter da von sich gegeben hat, war bleibender, siegerländischer Löwenzahnrealismus, dumpfe hohe Klasse.« – »Ich vermute es auch«, sagte Peter, schier selig. Er ist Alkoholiker und kein Sozialclown mit Pseudowehwehchen: er ist einen Tag trocken und schier selig. »Peter, ich weiß nicht, ob ich lachen oder heulen soll vor Glück«, sagte ich und tat dann beides.

Wir schreiben den 3. April 1979. Aus Tablettenpeter ist Peter unter der Heutemütze geworden. Die Geschichte dieses Mutterfliegers ist, nicht zuletzt dank der Klammer- und Würgefrau Gret aus Littfeld, nun noch bei weitem eine verrücktere Truppengeschichte als die stärkste Genesungsgeschichte, die ich bis heute im Dominikanerkloster durch einen Freund miterlebte und in Selbsthilfe auch für mich mitgestaltete: wie aus Werner Jahrhundertwein Werner der Machtlose schließlich wurde.

AUF EINEM LANGEN WEG

Zum Gebet Nr. 25

Jean, Rosamund und Cherida, Michael und Robert in Norwich gewidmet

Im September und Oktober des Jahres 1977 verbrachten Schneeflocke und ich eine schöne Zeit in London. Wir lebten in dem Stadtteil Kensington, im Haus Peters, der verreist war. London: Armut, Pracht, Weite, Demokratie, Spleen, human liberty. Im eleganten Restaurant von »Fortnums & Mason« am Picadilly erklärten sich uns drei, vier Dinge, die zu wissen in London wirklich nützlich sind, in Chelsea erlebte ich, im Keller eines Hauses mit dem Namen »World's end«, ein Meeting meiner Schnapsrattensociety von solcher Staubigkeit und Gefaßtheit, daß dagegen noch die armseligste Truppe, die ich aus Frankfurt kenne, in der Lobby eines Dorchester residiert. John, speaker des Abends, zitierte Ilja Ehrenburg, der in seiner Autobiographie »Jahre, Menschen, Leben« sagt, man hätte nur die Wahl zwischen einer Brechstange und einem Taschentuch, zum Abtrocknen der Tränen. John empfahl beides.

Im Oktober fuhren Schneeflocke und ich nach Norwich. Ich wollte die Zelle sehen, in der Juliana von Norwich 1373 ihr Buch[1] geschrieben hatte. Wir fuhren ab von der Liver-

1 Deutsch: Juliana von Norwich, Eine Offenbarung göttlicher Liebe. Kürzere Fassung der sechzehn Offenbarungen der göttlichen Liebe. Herausgegeben und aus der Handschrift des 15. Jahrhunderts übertragen von Schwester Anna Maria Reynolds C. P. Ins Deutsche übertragen von Ellen Sommer-von Seckendorff, Freiburg im Breisgau 1960.

pool Street Station. Helle Oktobersonne. Die Grafschaft Essex ein Meer von Grün, mit mächtigen Ginsterhecken, mit Pferden auf den Koppeln zwischen Laubwäldern. Ein alter Friedhof bei Kelvedon, mit einem kleinen Kirchlein aus dem Mittelalter und Grabsteinen in einer Wiese. Pappeln mit silbrigen Laubschleiern, Fasanen in den Feldern. Zwischen Colchester und Ipswich fahren wir bereits in der Grafschaft Suffolk. Essex ist mehr residentiell, Suffolk und Norfolk sind landwirtschaftlicher orientiert. In einiger Entfernung sehen wir die Kirche von Ipswich, erbaut um 1500 im Tudorstil. Leider konnten wir vom Zug aus die Abtei Burrey St. Edmunds und die Kathedrale von Ely nicht sehen, beide erbaut im saxo-normannischen Stil (um 900, Alfred der Große, Harold von England). Halt in Diss. Wieder durch die Greenlands. Wir sind bereits in Norfolk, sehen Möwenvölker auf den Feldern, Anzeichen der Nähe des Meeres.

In Norwich nahmen wir Zimmer im »Maid's Head Hotel« am Platz vor der Kathedrale. Wir fragten später draußen einen Taxifahrer nach dem Kirchlein Julianas. Er wußte nichts davon und fragte einen Kollegen. Dem dämmerte etwas. Ich nannte ihm einige Fakten. Da erstrahlte die Miene dieses Mannes und erfreut sagte er: »Ah, unsere Lady Juliana!« Dann beschrieb er seinem Kollegen den Weg zu dem Stadtteil auf dem Hügel von Norwich und unser Mann brauste mit uns davon.

Schneeflocke und ich standen vor einem Nonnenhaus, in einem kleinen Garten. Unterhalb des Gartens stand ein Kirchlein ohne Turm. Es schien mir, als stünde dieses Kirchlein auch heute noch, wie zu früheren Zeiten, fern von der Normannenstadt, allein in den rauhen Feldern. Eine Nonne in schwarzer Tracht kam aus dem Haus. Wir gingen zu ihr. Ich nannte ihr unsere Vornamen und sie sagte freundlich: »Ich bin Schwester Jean.« Ich sagte: »Schwester Jean, wir sind hergekommen, um die Zelle von Lady Juliana zu sehen, wenn es möglich ist.« Schwester Jean sagte: »Aber natürlich ist das möglich, kommen Sie nur, ich führe Sie hin.« Sie führte uns zu dem Kirchlein, öffnete es, wir traten ein. Ich empfand eine starke und tiefe Bewegung und wurde froh.

Das Innere des Kirchleins war von karger und aufrichtender Schönheit. Schwester Jean deutete auf eine Holztür in einer sehr alten steinernen Umrandung. »Julianas Zelle«, sagte sie und zog sich zurück. Schneeflocke und ich öffneten die Holztür. Wir betraten die Zelle.

In der Zelle kniete ein Mann, hochaufgerichtet und mit geschlossenen Augen. ›Léon aus Cluny...?‹ durchzog es mich. Ich dachte an den Abt Léon, die Verkörperung geistlicher Helferschaft in meiner Osterwache mit Juliana, vor drei Jahren.

Ich sah die vier Wände, in denen Juliana bis zu ihrem Tod ausgehalten hatte. Ich kniete neben dem Fremden nieder, schloß die Augen, bat Juliana um Besinnung in ihrer Nähe und fand Besinnung. Dann betete ich: »Danke, Gott, daß ich diesen Ort unbetrunken betreten durfte; danke, Gekreuzigter, daß du Juliana sicher gehalten hast bis zuletzt; danke, Juliana, daß du uns deine Erfahrung, Kraft und Zuversicht mitgeteilt hast.«

Ich stand auf und sah, daß Schneeflocke ebenfalls in der Nähe Julianas niedergekniet war. Zum erstenmal in nun fast zwanzig Jahren unseres Lebens gewährte Schneeflocke sich diese Befreiung durch Andacht auf den Knien. Sie stand auf und verließ die Zelle. Nun war ich hier alleine mit Juliana, mit dem Gekreuzigten, mit dem Fremden neben mir und mit mir selber. Der andere hatte seine Haltung nicht verändert. Wanderte ich deshalb durch die Fröste und Stürme der Gottesferne, schleppte ich mich deshalb so endlos durch Schneeflockes Erbarmen und durch Holunders Schweigen, um endlich Julianas Nähe so deutlich erfahren zu können? Kein hörbares Wort war hier gefallen, seit ich eingetreten war. Ich betrachtete Julianas geringen Raum, das Weltreich ihrer Selbsthilfe als anhaltender Hilfe für andere, ich dachte an Julianas Vision vom Inneren einer Haselnuß, die sie uns überlieferte. Ich sah die Stirnseite mit dem Kreuz; sah die Herzseite der Zelle mit Julianas kleinem Schrein; ich sah die Rückseite mit der jetzigen Tür zum Vorraum; ich sah die Fensterseite der Zelle, von wo aus Juliana zur Welt sprach.

Ich kniete zum zweitenmal nieder und beugte meinen Kopf mit der Stirn auf den Steinboden dieses geheimnisreichen und nüchternen Ortes und betete: »Gott, ich bereue alle meine Sünden aufrichtig; Gekreuzigter, ich bereue alle meine unreine Sprache freudig; Juliana, ich bereue alle Unehrlichkeit gegen mich selber, um sie zu ändern.«

In der Besinnung, die nun mit Nichtenergie in mich einwanderte, sagte mir mein Inneres: ›Stehe auf und hauche deine vier Botschaften von dem, was du Julianas Hilfe verdankst, an die Wände dieser Zelle, nun in deiner unverwechselbaren eigenen Sprache – an jede der vier Wände eine Botschaft.‹

Ich stand auf und hauchte an die Stirnseite der Zelle: »Ernüchterte Furcht verdanke ich deiner Liebe, Juliana.« Gegen die Herzseite der Zelle hauchte ich: »Geistigere Freude verdanke ich deinen drei Wünschen in deiner Kindheit, Juliana.« An die Rückseite der Zelle hauchte ich: »Anhaltende Gemeinschaft mit Kranken verdanke ich deinem Ausharren, Juliana.« Gegen die Fensterseite hauchte ich: »Liebe im Heute verdanke ich deiner innigen Sprache, Juliana.« Unhörbar hatte ich diese vier Botschaften gegen die vier Wände dieser Zelle gehaucht.

In der Besinnung, die wiederum mit Nichtenergie in mich einwanderte, bildeten sich drei Wünsche. Ich dachte an die drei Gnaden, die Juliana in ihrer Kindheit von Gott erbat, in reiner und sturmerprobter Nüchternheit; da betete ich noch einmal und bat Gott, in der Frühzeit meiner nun aufklarenden und sturmerprobten Krankheit, um drei Dinge: »Gott, lasse Juliana zunehmen, mich lasse abnehmen; mich lasse für den Rest meines Lebens unbetrunken mit kranken Leuten zusammen bleiben; lasse mich zum eigenen und zu anderer innerem Fortschritt beitragen durch eine erzählerischere Sprache.«

Dann sagte mein Inneres mir: ›Beuge deinen Kopf mit der Stirn bis auf den Boden vor diesem fremden knienden Mann hier in der Zelle und bekenne ihm lautlos dein Inneres.‹

Ich beugte meinen Kopf mit der Stirn bis auf den Boden, vor dem immer noch dort knienden Fremden, dessen hochaufgereckte Haltung mit den geschlossenen Augen sich nicht verändert hatte. Lautlos sagte ich zu ihm: »Vor Julianas Seele bekenne ich dir meine Angst; vor Julianas Sprache bekenne ich dir meinen Schmerz; vor Julianas Liebe bekenne ich dir meine inneren Gebrechen: Hochmut, Jähzorn, Unberechenbarkeit. Vor dem Bild des Gekreuzigten versichere ich dir, lebend mit meinen Gebrechen, daß ich Julianas Hilfe in überreichlicher Fülle geschenkt bekam, inmitten meiner Angst, für meinen Schmerz, inmitten meiner Gebrechen. Was ich dieser Eingemauerten verdanke, wünsche ich dir in ebenso überreichlicher Fülle.«

Ich stand auf. Aus dem Mund des Knienden mit den geschlossenen Augen kam ein tiefer Hauch. Nun sah ich im Antlitz dieses Mannes jene ganz andere Anonymität, um die ich Gott in meinen Gebeten in die Gottesferne so oft bat. Ich betrachtete den Fremden und den Ort, an dem Juliana und der Gekreuzigte einander die Treue hielten bis zuletzt, einander, sich selber und uns, mit einem ernüchterten Blick. Dann verließ ich die Zelle.

In der Kirche erschien eine andere Nonne. Ich sagte zu ihr: »Ich heiße Ernst.« Sie sagte: »Ich bin Schwester Rosamund.« Rosamund? Wie sonderbar: der erste weibliche Vorname in meinem ersten Buch (»Die homburgische Hochzeit«, München 1967) ist Rosemund. Ich erzählte Schwester Rosamund, was vor drei Jahren, in meiner Osterwache mit Juliana, aus meinem verschütteten vorgeburtlichen Leben heraufgestiegen war in mein Bewußtsein – und was nun heute hier in der Zelle Julianas geschehen war. Dann sagte ich zu ihr: »Schwester Rosamund, im Mutterleib hatte ich einen Traum, einen Traum von Liebe, nüchterne Erfahrung vor meiner Geburt. Ich betete in meiner Jugend um eine Verwirklichung dieses Traums. Es war ein Traum von einer Liebe, die mehr als zwei Liebende freier machte und die darum nie endet. In späteren Jahren liebte ich Schneeflocke, dann liebte ich Holunder. Ich wurde geisteskrank in dieser mich zerteilenden Liebe zu zwei ganz unterschiedlichen Frauen, aber ich beendete diese Liebe zu mehr als einem anderen Menschen nicht. Dann stoppte ich mein Trinken und erreichte eine Gruppe mit anderen Alkoholikern und blieb trocken, nun seit vier Jahren. 1974 hielt ich eine Osterwache mit Juliana von Norwich in meiner inneren Leere und heute betete ich in Julianas Zelle für mich und für andere. Es kommt mir vor, daß Gott mir zwölf Schritte gewährt, um meinen Traum zu verwirklichen. Die ersten fünf Schritte, die ich dank der Hilfe Julianas tun konnte bis heute, habe ich Ihnen nun mitgeteilt. Ich fühle es, bei der Wahrhaftigkeit meiner wilden und stürmischen und keuschen Liebe zu Juliana.«

Schwester Rosamund war nun der erste Mensch in dieser Welt, dem ich in ausreichendem Englisch erzählen konnte, welche Hilfe Juliana mir gab. Ich bedachte das noch, als Schwester Rosamund mich freudig anschaute. Da ging mir auf, daß ich hier genau das getan hatte, was Juliana, dreiundvierzig Jahre in ihrer Zelle eingemauert, früher auch tat, wenn sie zu Leuten, die von draußen zu ihrem Loch in der Mauer kamen, mit der holden Innigkeit und mit der Unbeugsamkeit, die geistige Freude erschaffen, jenen Bedrückten und Ratlosen vor ihrem Mauerloch von der bleibenden Hilfe, der Liebe Gottes, erzählte.

Wir verließen die Kirche. Vor der Kirche hatte Schneeflocke einen Stein in den Resten der Ruine einer alten Mauer gefunden. Sie gab mir diesen Stein und sagte: »Ernst, als Erinnerung an diesen Tag.« Ich stellte die Frauen einander vor. Schwester Rosamund fragte uns: »Sind Sie morgen noch hier? O, könnten Sie nicht morgen zum Kaffee zu uns kommen, um auch Father Michael, Schwester Jean und Father Robert zu erzählen, was Sie mir vorhin berichtet haben?«

Am nächsten Vormittag besuchten wir die Schwestern in der Rouen Road. Father Michael McLean kam herein. Michael, ein schlanker Mann um Mitte dreißig, in einem dunklen Anzug, sagte leichthin »Hallo« zu Schneeflocke und mir, mit solcher heiteren Liebenswürdigkeit, daß ich dachte: ›Wie nun Father Michael, so könnte früher im Dorf unser Pater Beppo gewesen sein, jener Priester, der mich in meiner geistigen Erkrankung durch fortgesetzte theologische Belehrung verstand – und der mir half, Gott nicht aufzugeben, weil ich endlich durch Pater Beppo erfuhr, daß ich nicht genötigt bin, von Gottes ferner Majestät irgend etwas zu verstehen.‹ Father Michael hatte denselben intelligenten Ausdruck von liebevollem Skeptizismus in seinem Gesicht, frei von Pessimismus und frei von Optimismus, der mich in Pater Beppo auf dem Dorf so stark berührte.

Schwester Jean brachte uns Kaffee. Dann nahmen wir alle Platz in Schwester Rosamunds Zimmer und ich erzählte.

Als ich meine Geschichte beendet hatte, fragte Father Michael: »Darf ich jene vier Botschaften an die Wände der Zelle Julianas aufschreiben? Und darf ich sie weitergeben?« Ich stand auf, nahm die Hände dieses Priesters und sagte: »Michael, ja, mache das.«

Schwester Rosamund und Schneeflocke unterhielten sich über das Befinden eines Kätzchens, welches draußen im Garten saß. Unbesorgt parlierten die beiden, die eine in Englisch, die andere in Deutsch, über das schwarze Kätzchen im Garten, welches mit anmutiger Koketterie das freudige Interesse der beiden Frauen an seiner Existenz zur Kenntnis nahm.

Dabei kam Father Robert ins Zimmer. Ein Mann wie Hamsun, in einem abgetragenen Kittel, mit weißem starren Haar, mit steinalten Gabardinhosen und trockenlehmigen Schuhen, die aussahen, als hätte sie Father Robert einer ersten eiligen theologischen Härtekur bei der Landung der Alliierten in der Normandie, vor mehr als dreißig Jahren, unterzogen. Nachdem uns Schwester Rosamund vorgestellt hatte, fragte Father Robert uns, ob wir mitkommen möchten in Julianas Zelle. Dort wolle er mit Cherida, einem gelähmten Mädchen, einen Augenblick der Stille teilen. Schneeflocke sagte, sie wolle noch einmal hinunter in die

Stadt, etwas besorgen, sie sei in etwa einer Stunde wieder zurück.

Father Robert und ich gingen zum Kirchlein. Ich besuchte Julianas Zelle zum zweiten Mal. Als ich eintrat, fühlte ich einen zerreißenden Schmerz, Juliana in Person hier nicht keusch umarmen zu dürfen. Der Schmerz war erschreckend, dann zerreißend, dann ein Aufruhr in sich bewegender Tiefe.

In der Zelle saß ein Mädchen, Cherida, in einem Rollstuhl. Father Robert kniete neben Cherida und bat mich, auf einem Stuhl neben dem Mädchen Platz zu nehmen. Ich machte das und dann begannen wir zu erzählen. Father Robert erzählte vergnügt im Knien, Cherida mehr und mehr vergnügt über mein westfälisches Franco-Kuh-Englisch. Dann sprach Cherida von Lady Juliana mit großer, freudiger Leidenschaft und in dieser noch wachsenden sprachlichen Freude Cheridas fühlte ich mehr von Julianas Heiligkeit als aus siebenhundert wichtigen spirituellen Darlegungen. Cherida sagte: »Ernst, nahe bei Juliana, empfinde ich zuerst als Frau. Ich fühle mit Juliana zuerst als Frau. Aber dann werde ich so froh, daß ich wirklich diese Momente der Besinnung in Stille brauche; ich könnte sonst wirklich ungebärdig werden!« Ich erzählte für Cherida und für Father Robert ein drittes Mal. Dann sagte ich: »Juliana war eine unzähmbare Seele, eine Liebende, nicht zu zähmen und nicht zu gängeln von der vitalen und rauhen Welt um sie herum. Sie liebte uns gestern, liebt uns jetzt und sie liebt uns morgen, so wild und so sehnend, daß sie in diese Mauern ging, um ihre Erfahrung von der Liebe Gottes niemand ungebeten aufzudrängen, so scheint mir. Und um ihrer Liebe einen tieferen Ausdruck und eine königliche Einfachheit aus harrender Stärke und Sprache zu geben. Ihre Überlieferung wird umso lebendiger werden, je lebloser wir in unserer selbstverschuldeten Apathie, die seuchenhaft um sich greift, werden. Ich danke euch, daß ihr hier seid, denn nur starke Seelen sollten diesen Ort alleine betreten. Ich bin nicht stark, und sollte ich diesen Ort aus Schönheit und Gnade noch einmal wiedersehen, so will ich dafür sorgen, daß einer bei mir ist, mit dem ich meine Gebrechlichkeit an diesem machtvollen Ort teilen kann.«

Father Robert sagte: »Wenn du mit uns beten möchtest, dann schließe Cherida und mich in dein Gebet mit ein, das wäre sehr wichtig.« Ich kniete neben Robert nieder und faltete meine Hände und betete, Juliana möge mir helfen, im Angesicht der behinderten und so freudigen Cherida und im Angesicht des hamsunhaften Robert, nie mehr Gewalt gegen gewaltkranke Frauen zu üben, um deren sexuelle Leidenschaft auf mich zu ziehen. Dann bat ich Juliana demutsvoll und zuversichtlich, alle geistigen Hilfen, die sie mir früher und auch jetzt gab, in überreichlicher Einfachheit auch Cherida und Robert, Jean und Rosamund und Michael und allen Kranken in dem Schwesternhaus nebenan und Schneeflocke in der Stadt zu geben.

Father Robert und ich standen auf. Ein Mann kam, hob Cherida aus dem Rollstuhl und trug sie nach draußen, in ein Auto. Dort sagten wir uns Aufwiedersehen. Father Robert ging noch einmal zurück in das Kirchlein.

Ich ging zur Straße und sah Schneeflocke kommen. Sie hatte zwei Sträuße mit Blumen. Im Haus der Schwestern gab sie diese Sträuße Schwester Rosamund und sagte: »Der eine Strauß hier ist für Sie und für Schwester Jean, der andere Strauß ist für Juliana.« Schwester Rosamund umfing Schneeflocke mit einem tiefen Blick, wortlos und beredt. Dann fragte sie uns: »Meint ihr, daß wir uns wiedersehen?«

Schneeflocke sagte: »Ja, ich glaube es, sicher.« Ich sagte: »Es wäre wunderbar, wenn wir uns hier alle am 8. Mai kommenden Jahres, am Tag von Julianas sechzehn Offenbarungen göttlicher Liebe, wiedersähen. Vielleicht ist es uns allen möglich.« – »Das würde ein Tag der Freude!« sagte Schwester Rosamund. Sie umarmte Schneeflocke, hielt sie in ihren Armen und küßte sie mit Wonne und so tat Schneeflocke mit Rosamund. Ich zögerte, denn Schwester Rosamund ist eine Nonne. Aber Liebe ist stärker als Sorge. Ich ging zu Schwester Rosamund und diese Wundervolle öffnete ihre Arme im selben Moment. Wir umarmten uns und ich küßte mit herzlicher Freude ihre Wangen, wobei ihr gestärkter Hut zwar etwas verrutschte, was Rosamund indessen keineswegs störte, denn sie küßte mich ebenso unbefangen wie ich sie.

Der Zug nach London lief ein. Schneeflocke sagte: »Heute beginnt die Frankfurter Buchmesse. Dieses Mal auch mit einem neuen Buch von dir, geschrieben ohne einen Tropfen Alkohol, aber wiederum eine Buchmesse ohne dich.« Ich sagte: »Ah, ingeniöse Schneeflocke, richtig! Aber heute war Buchmesse in Norwich, eine Buchmesse für nur ein einziges Buch, für Julianas Buch und für diese Frau, und für uns alle.«

HOMMAGE AUF DEN THOMAS VON KEMPEN

Zum Gebet Nr. 26

Ich möchte meine Erfahrung, Kraft und Zuversicht aus diesem Gebet in den Worten eines demutsvolleren und reicheren Mannes an euch weitergeben. Thomas von Kempen (1380–1471) sagt in »Die Nachfolge Christi. Das Buch vom inneren Trost«: »Die Liebe wacht und selbst schlafend schläft sie nicht. Ermüdet, läßt sie nicht ab; gezwungen, wird sie nicht bezwungen; erschreckt, wird sie nicht verwirrt; sondern wie eine lebhafte Flamme, wie eine brennende Fackel, schlägt sie nach oben und dringt sicher hindurch.«

Ein sprachloser Schrei des Schmerzes ist in meinem Inneren, ein Schrei, andere nicht ausreichend so zu lieben, wie ich Liebe geschenkt bekomme. Bangnis ist in mir, durch die Wildheit meiner Sprache könnte einer unter euch verletzt werden. Denn der sprachlose Schrei bleibt immer Unsprache, nur das Zumutbare um ihn herum wird mitteilbar, aber im Schrei ist der reine Ausdruck des Lebens: Schmerz.

Unheimlicher als jeder Alkoholiker, der seinen »Punkt« kennt, ist der nicht zu tröstende einzelne Mensch nebenan, der keinen Ansatzpunkt für das, was ihn quält, findet. Der für Hilfe unerreichbare und nicht zu tröstende einzelne, irgendwo, der unbeachtet und isoliert verzweifelt, ist die Tragödie aller Menschen der Jetztzeit. Denn im einzelnen, der aufgibt, erlöschen wir mit, in dem einzigen Funken Genie, den jeder fühlt: begründeter Zuversicht in den Schmerz.

Zum Gebet Nr. 27

»11. Darum will ich meinem Mund nicht wehren, ich will reden von der Angst meines Herzens, und will herausschreien von der Betrübnis meiner Seele.
12. Bin ich denn ein Meer oder ein Walfisch, daß du mich so gefangen hältst?
13. Wenn ich dachte, mein Bett soll mich trösten, mein Lager soll mirs erleichtern;
14. Wenn ich mit mir selbst rede, so erschreckst du mich mit Träumen, und in mir wächst Grauen,
15. Daß meine Seele wünscht erhängt zu sein und meine Gebeine heulen nach dem Tod.
16. Ich begehre nicht mehr zu leben. Schweige von mir, denn meine Tage sind eitel gewesen.«

Aus dem Buch Hiob
Im 7. Kapitel

In mein fünftes Jahr ohne Rückfall ging ich in schlimmerer Verfassung, als ich mein viertes Jahr begonnen hatte. Die längst erreichte Genesung wurde mir zur Zumutung, weil ich es niemand offen eingestand, wie sauer mir das Amlebenbleiben wurde und das Geschenk der in mir wirkenden kommenden Genesung verschwand trotz meiner täglichen Gebetsübung und trotz der geduldigen Wiederholungen des in sich stimmigen Ablaufs meiner selbstgemachten Gebetsfolge vollständig aus meinem Bewußtsein.

Ich ging mit umso penetranterer Pünktlichkeit zur

Truppe und blieb trocken. Aber auch das vermochte ich nicht mehr in seiner Brisanz zu erleben. Eine mir bis dahin unbekannte, stehende Dauerempfindung der Sinnlosigkeit des ganzen Unternehmens begann mich zu entmutigen. Hinzu kam, daß mich jede innere Kraft, meinen Untrost in der Truppe herauszuschreien, verlassen hatte.

Die unerwartet starke Beachtung, die mein Nichtmehrtrinken und mein Veröffentlichen einiger Aspekte der Selbsthilfe überall fand, belastete mich zu stark. Ich verweigerte mich nicht mehr so unbedingt fremden Ansprüchen auf Mitarbeit und warf mir das als »Ruhmgier« vor, obwohl ich genau wußte, daß es etwas ganz anderes war: Wissen von den vielen Schneeflocken, die draußen in den Angstgräben dieser Seuche Trunksucht ungetröstet und ohne Ausblick in das Wo, Wie und Wozu der Selbsthilfe ihre Martyrien durchmachten und dafür von den trinkenden Angehörigen beschimpft, geschlagen und gehöhnt wurden – und Wissen von der Angst unzähliger Kinder in diesen eisigen, unberechenbaren Höllen.

Weil ich aus eigenem Erleben wußte, daß die wahren Helden in den Lebensgeschichten von Suchtkranken, die auf die Füße kamen, diejenigen Angehörigen waren, die nicht von der Fahne gingen, einzig und allein darum nahm ich Einladungen zu Lesungen, Diskussionen und Klinikmeetings an. Aber ich war so erschöpft und zermalmt von der falschen Vorstellung der Sinnlosigkeit meiner Existenz, daß selbst fünf dicke Ordner mit Briefen von Leserinnen und Lesern, ein Pandämonium des Schreckens und ein 1001 Nacht des Gelingens nach Tiefpunkten, mich nicht von meiner Fehleinschätzung befreien konnten.

In dieser langen Phase der Stagnation, die Schleifer Rudi mir als mein »Kadaverjahr« vorangekündigt hatte, passierte auch die damals mitversprochene Kette der Persönlichkeitsbrüche.

Es lief immer in derselben Automatik ab: ich unterhielt mich jetzt noch mit Leuten ruhig und freimütig über Gegenstände eines akuten gemeinsamen Interesses und die Leute schätzten meine offene und in so ziemlich jeder Hinsicht unbesoffene Art, zeigten es mir deutlich und ich fand überall mehr als herzliches Entgegenkommen, nie erlebte strahlende Erwartung.

Und dann, auf einen Schlag, entstand in mir Packeis. Ich schwieg dann eine endlos scheinende Minute, dann herrschte ich die Leute an, die überhaupt nichts begriffen und dann, im nächsten Schub meines Persönlichkeitsbruchs, wurde ich laut und ordinär und bedrohte die völlig Entsetzten. Dann, im dritten Schub, wünschte meine Seele erhängt zu sein und meine Gebeine heulten nach dem Tod. Dann ging ich jedesmal mit demselben zwanghaften »Guten Tag« fort und wollte nicht mehr leben. Dann entschuldigte ich mich bei den Betroffenen und überließ es ihnen, zu beurteilen, was ich selber nicht begreifen konnte.

Jedesmal nahm ich mir vor, es dahin nie mehr kommen zu lassen. Es wiederholte sich. Es war stärker als ich. Beilrudis Vorankündigung war in mir wie ausgelöscht. Endlich tat ich das Fällige: ich sprach in der Truppe ohne jede Illusion von diesen Vorfällen. Nur hier kam echte Hilfe. Denn ich hörte und verstand, daß nur ein einziges Problem anstand: das erste neue Glas – ja oder nein? Der ganze Rest, einschließlich der Persönlichkeitsbrüche, war eine Frage der Zeit – falls ich nicht wieder kippte.

LIEBE HAT ZITATE

Zum Gebet Nr. 28

Nachmittags deutete meine Schwester Doris, die ihre jährliche Visite in Frankfurt machte, die Idee an, den Palmengarten zu besuchen. Mit ihrer jeden Widerspruch niederringenden Langsamkeit aus Leibesschwere und in schleifendem Sprechen sagte sie: »Bruderluder, das wäre nun eine Idee, naja.« Wir wohnen nun dreizehn Jahre in Frankfurt und ich war noch nie im Palmengarten gewesen, jedenfalls nicht mit Bewußtsein. Gutartig sagte ich: »Doris, das können wir machen, keiner kann behaupten, daß es überstürzt geschieht.« Darauf begann Doris in langer kreischender Schleife zu lachen und wir zogen los, wir zwei Behinderte, wir zwei nicht gänzlich glücklosen Geburtsschäden, zogen los zufuß, Richtung Palmengarten.

Ich Steinkerlchen hielt die massive Schwester bei der Hand, dieses Schnurrbartweib mit seinen neununddreißig daheim bestandenen, erzklar verkappten behäbigen Lenzen. Auf der Hälfte des Weges nahmen wir, in einem der Westendcafés, ein Heidelbeereis, später Mokka. Wir ließen uns Zeit. Das gefiel meiner Schwester über alle Maßen. Steif grielachte sie über dem Mokka und sagte: »Das tut gut, das Sitzen, Bruder. Das blöde Rennen der Leute macht mich ganz verdrossen.«

Im Palmengarten beschränkten wir uns auf eine Unterhaltung mit einer Ente, die in einem Stück Wiese stand. »Die Ente versteht alles«, sagte Doris. »Quatsch, Quatsch, Quatsch, ich verstehe kein Wort«, sagte die Ente in abschwächendem Ton. »Sie erinnert mich an Ida Kornmaul, als Ida immer mehr in die Erde wuchs«, sagte meine Schwester. Ich hatte auch, von Anfang an, an etwas Ähnliches gedacht. »Wenn du Tante Ida Kornmaul bist, Ente, dann sage mir bitte, ob meine Nerven noch einige Zeit mitmachen?« fragte ich das Tier. Die Ente schob ihre Brustfedern nach vorn und sagte: »Deine Nerven? Noch einige Zeit? Noch lange, noch sehr lange, keine Sorge. Du warst der erste wirklich freudige Nervenkranke dieser Republik, siehe zu, daß du nicht auch der letzte bist.«

Doris fand alles selbstverständlich und sagte es der Ente, aber die wirkte auf einmal sehr verdrossen und sagte: »Ihr beiden Früchte einer geradezu erleuchtet miserablen früheren Gynäkologie, Alkoholismus und Hirnbluten werden bald besiegt sein. Dann ist es aus mit der Genußwirtschaft, zwanzig Jahre eines turbulenten Lebens verwenden zu dürfen, einen persönlichen Tiefpunkt zu erreichen. Bald wird aufgeräumt. Hütet euch, Heilung droht!«

Doris schaute mich an, ich schaute die Ente an, das Tier blickte zur Seite. »Ente, Ente«, sagte Doris langsam und ohne Schleife. Das Tier sagte: »Ihr Kranken habt Gott noch genußreich gebraucht, aber die, die nach dem Sieg über Sucht kommen, die werden ihn ohne Verzierungen brauchen, die werden heulen nach Gott, schreien wie Sterbende in der Nacht. Sorge, daß du dein merkwürdiges Gebetbuch fertig kriegst, denn bald werden sie alle beten, ohne irgendwas zu glauben, du Krümel von Liebreich, du Matrose der Phantasie.« Das Tier watschelte fort. »Matrose der Phantasie, das hat das Hohe Vieh gesagt«, erinnerte sich Doris.

Als wir heimkamen, sagte ich: »Doris und ich haben Familienleben gemacht.« Doris gab Zitate zum Besten und Schneeflocke sagte nüchtern: »Familienleben geht nur noch in Zitaten.«

FÜR STERNS CHRISTIAN

Zum Gebet Nr. 29

Nie werde ich den Berg der Selbsthilfe, den dieses Gebet auftürmt, ersteigen – ach, ich werde diesen Berg nicht einmal erreichen, wie ich einst als Fliege, unterwegs zufuß zum Hengschan in China, auch jenen Berg nicht erreichte. In meiner Todesstunde, vielleicht, kann ich einen Fußbreit Vorland, der meinem begeisterungsfähigen und kranken Leben zugedacht war von Sterns Christian, dem Halbbruder Gottes und Hüter aller Phantasie auf dieser Erde, für einen Augenblick schauen. Wird dann der mit Zeitspaltung herbeistürmende Engel des Endes meine wüste Pilgrimschaft unter euch, hin zu euch, beenden?

MEINE NICHTGESCHÄFTLICHEN BEGRIFFE

Zum Gebet Nr. 30

»Du hast mein Herz geprüft, hast mich des Nachts durchforscht – nichts fandest du; mein Gedanke geht nicht weiter als mein Mund.«

Aus Psalm 17

Anregung
Bangigkeit
Chance
Demut
Einsicht
Freude
Geist
Heiterkeit
Innigkeit
Jetzt
Katholizität
Leben
Musik
Nacht
Offenbarung
Prüfung
Quelle
Roswitha
Sucht
Trost

Ursprung
Verantwortung
Welt
Xenie
Yin
Zuversicht

»Nein, ich glaube nicht, daß du mich idealisierst…«
Roswitha, 28. Mai 1978

»…denn außerhalb der Liebe gibt es keine bleibende politische Vernunft.«
An Roswitha, 4. Juni 1978

Anregung

Dieses kleine Wörterbuch enthält in seinen letzthin erlebten Geschichten lediglich Hinweise darauf, wie ich persönlich bestimmte Wörter verstehe und ihre Hilfe anzuwenden suchte. Keineswegs enthalten meine Mitteilungen irgendeinen Anspruch auf allgemeine Richtigkeit. Für jeden Buchstaben des Alphabets wählte ich das Wort, welches mir von allen momentan bewußten Wörtern mit dem entsprechenden Anfangsbuchstaben das liebste ist. Ich möchte wohl wissen, wie in zwanzig Jahren meine Auswahl sein müßte.

Bangigkeit

Beim Frühstück mit Lilli und Friedhelm Kemp in der Wiedenmayerstraße in München, wo ich übernachtet hatte, fragte Lilli Kemp mich, was ich denn nun im weiteren Tag noch alles vorhätte? Mit Vergnügen sagte ich, daß ich am frühen Abend die Dichterin Christine Koschel in der Autorenbuchhandlung mit einigen persönlichen Worten einführen wolle. Dann aber gab ich einer Eingebung nach und kam auf ein Vorhaben, dem ich mit Bangigkeit entgegensah, zu sprechen: am Nachmittag Roswitha aus Graz am Hauptbahnhof zu erwarten. »Wer nun ist denn diese Roswitha?« erkundigte sich Kemp, der stets die liebenswürdigste Aufmerksamkeit zeigt, wenn ich Bangigkeit zeige, um tieferer Bangnis Herr zu werden.

Die Frage, wer Roswitha sei, konnte ich wenigstens mit der Ruhe, die Sachlichkeit ermöglicht, zufriedenstellend beantworten: »Sie ist eine Architekturstudentin, die mir vor einem Vierteljahr einen leidenschaftlichen Brief schrieb, einen Brief auf mein Buch hin. Sie zeigte sich mir in diesem Brief als eine Zeitgenossin, die kein Problem mit dem Alkohol, sondern Genie zur Liebe hat. Ich beantwortete den Brief, der wie ein Blitz in meine Apathie eingeschlagen war. Die Unbekannte antwortete. Sie zeigte mir, indem sie auf Einzelheiten meines Berichts über mich selber einging, eine erschreckende Kenntnis meiner Existenz, da sie mich beim Wort nahm und außerdem über eine ungewöhnlich reine Intuition verfügt. Ich bekam Angst vor ihr und gab es zu. So wurde aus dem Kontakt ein vehementer Briefwechsel. Aber besonders ihr erster Brief, geschrieben am 19. März 1978 in Bad Hall/Österreich, hat sich so sehr in mein Gedächtnis begeben, daß ich aus ihm zitieren kann. Die Fremde schreibt dort: ›Wovor bangen Sie? – Eine rhetorische Frage meinerseits, deren bewußte Beantwortung durch Sie doppelt so liebenswert ausfällt, doppelt so lebenswert für Sie werden wird.‹ – Ich antwortete aufrichtig, aber durch meine Antwort gerieten Roswitha und ich in eine so scharfe Auseinandersetzung, daß ich schon fürchtete, alles sei aus. Indessen lenkten wir beide ein und vor einer Woche, nach heftigsten Briefen hin und her, die mir vorkamen wie ein lang gefesselter Krankheitsausbruch an getrennten Orten und mit unerwarteter Wucht, schrieb ich dieser Fremden schließlich, meine Hauptangst sei meine Angst vor dem

Rückfall und nicht meine Angst vor fremder Liebe. Wir verabredeten, uns zu treffen. Heute, am 10. Juni, in wenigen Stunden, um 14 Uhr 22 trifft Roswitha mit dem Zug aus Klagenfurt ein.«

Chance

Ich hatte geduscht. Es war zwei Uhr in der Frühe. Ich stand im Bad, besah mich Schrat im Spiegel, begann mich zu rasieren, nahm Mum für meine Achselhöhlen, etwas vétiver carven fürs Gesicht. Wie sehr ich mich freute, mit Roswitha diese Nacht im Hotel zum Tag machen zu können, gegen Morgen einzuschlafen. Diese Aussicht allein genügte mir bereits, gewisse Mängel dieses Grand Hotels, die ich äußerst genau registriert hatte, zu erdulden. Ich betrat das Zimmer, genoß meinen neuen Pyjama aus reiner Baumwolle, mit den blauweißen Streifen und dem bequemen Schnitt, steckte mir ein dünnes großes Taschentuch aus mondänem Weiß in die Brusttasche des Kittels, betrachtete Roswitha, die in ihrem schönen Morgenmantel auf dem Bett lag und in einem Buch von Yves Bonnefoy las: »Hier régnant désert. Herrschaft des Gestern: Wüste«.

Ich zeigte ihr, in dieser herrlichen zweisprachigen Ausgabe, jene Stelle »Schönheit«, die Friedhelm Kemp mir in der Nacht davor zitiert hatte, als er mir den vergriffenen Band in seiner Wohnung schenkte:

»La beauté

Celle qui ruine l'être, la beauté,
Sera suppliciée, mise à la roue,

Déshonorée, dite coupable, faite sang
Et cri, et nuit, de toute joie dépossédée
– O déchirée sur toutes grilles d'avant l'aube,
O piétinée sur toute route et traversée,
Notre cœur que tu souffres, notre voix
De t'humilier parmi tes larmes, de te dire
La menteuse, la pourvoyeuse de ciel noir,
Notre désir pourtant étant ton corps infirme,
Notre pitié ce cœur menant à toute boue.

Die Schönheit

Jene, die das Sein verdirbt, die Schönheit,
wird gemartert werden, gerädert,
entehrt, schuldig gesprochen, in Blut
und Schrei verkehrt und Nacht, und aller Freude beraubt.
– O Zerfetzte auf allen Gittern vor Tagesanbruch,
O Zerstampfte auf allen Straßen und Überfahrene,
unsere hohe Verzweiflung wird sein, daß du lebst,
unser Herz, daß du leidest, unsre Stimme,
dich zu demütigen in deinen Tränen, Lügnerin dich
zu heißen, die mit schwarzem Himmel uns sättigt:
unser Begehren dennoch bleibt dein schwacher Leib,
unser Erbarmen dies Herz, das in jeglichen Schmutz führt.«

Mit meiner wilden Scheu, der Hütte meiner seelischen Radikalität, die ein Höherer als Roswitha und ich erbarmungsvoll um die meine Sinne erhaltenden Tabus in meinem Inneren erbaute, sagte ich auf einmal vehement zu meiner Freundin: »Ich fühle eine einmalige Chance, du Scheherazade – mich zum Absterben zu bringen, ich gebrechlicher Schrat mich Vieh, welches man, wenn es eines Tages endlich sich streckt, noch zusätzlich aushungern, erdrosseln, kehlen und ausweiden und vierteilen muß, damit es seine Natur nicht noch einmal aus der Erde stößt, wenn es eingegraben ist: als du mich beschert hast mit deinem Wunsch, meine nichtgeschäftlichen Begriffe kennenzulernen, da verstand ich das Wort Chance zum erstenmal in diesem Leben freier als früher: Früher verstand ich Chance nur als Chance, etwas zu bekommen. Seit deinem Vorschlag verstehe ich das Wort reicher, auch als Chance, etwas zu geben.« Roswitha sagte freudig: »Wer etwas hat, der genießt es; wer es noch nicht hat, der lehrt es.«

Demut

Mein zurückgenommener Mut, der Mut zum mir Möglichen – und der auch nur für jeweils heute –, er war meine Zuflucht in der Begegnung mit Roswitha, seit ihrem ersten Brief an mich und in München. Roswithas Parteilichkeit für den einzelnen Menschen und gegen die herrschende Seuche des bloß noch gesellschaftlichen Denkens hat mir in München entschieden geholfen, als unzerstörbaren Ursprung meiner Demut meine Freude vor der Unfaßbarkeit und Unerreichbarkeit Gottes offen auszusprechen.

Demut (ahd. diomuotî, mhd. dêmout) meint die Gesinnung des Dienstes, den Mut zum Dienen. Als sittlich-religiöser Begriff ist er die Wiedergabe von humilitas. Nach seiner Bedeutung will er die Gesinnung des Dienstes vor Gott und den Menschen zum Ausdruck bringen. Humilis leitet sich her von Humus und meint zum Erdboden gehörig, ihm nahe, niedrig, unterwürfig, verächtlich. Humilitas meint ignobilitas, afflictio, infirmitas als Elend, Schwäche, Ruhmlosigkeit, Bescheidenheit (Thesaurus Linguae Latinae VI, 3115–3119).

Im Christentum werden humilis und humilitas neben Niedrigkeit zum Ausdruck für Demut. Dieser Bedeutung schließe ich mich zuinnerst, obwohl in keiner christlichen Kirche lebend, vorbehaltlos und freudig an, denn niedrig ist mein Charakter aus Hochmut, Jähzorn und Unberechenbarkeit. Weil ich das fühle, bin ich in meinen Augen nicht verächtlich, denn ich fühle meine Niedrigkeit schmerzhaft genau, aber auch mit befreiender Frohheit im Erlebnis der Liebe Gottes, der den Wunsch nach alltagspraktischer Demut dennoch in meine schauerlichen Widersprüche senkt.

Mit Freude und Gewißheit erfahre ich, daß ich nicht so wichtig bin, daß Gott persönlich sich um meine Angelegenheiten kümmern muß, er sendete mir in Frauen und Männern aus der Geschichte der Menschheit und aus dem Heute Zeugen seiner Herrlichkeit, Leute, die alles mir Wissensnotwendige von sich selber überliefert haben, damit ich es verwerfe oder annehme.

Es ist für mich eindeutig, daß ich nur darum etwas von der mein Leben lindernden Schönheit und Kraft der Demut fühle und sie zu verwirklichen trachte, weil, unter anderen ähnlichen Zeugen, auch Meister Ekkehart die Demut als Weg des Menschen zu Gott und von Gott zum Menschen gelehrt hat. Oder, um ein anderes Beispiel für dich, Roswitha, zu erwähnen, weil der von mir staunend geliebte viel frühere Benedikt von Nursia die Stufen der Demut des Kassian aufgreift und, unter dem Bild der Jakobsleiter, den Aufstieg zu Gott darstellt als Hinwendung des Menschen in zwölf Stufen zur Nächstenliebe zu den Mitmenschen. Ohne diese Selbstzeugnisse von Leuten, deren Intuition dem befreienden Beispiel des Jesus von Nazareth und seiner Demut folgte, hätte ich niemals einen Weg gefunden, was in mir wogt und Alltag werden will, zu verstehen. Sie haben es mir vorbuchstabiert.

Sicher ist, um mich kurz zu fassen, Roswitha, daß die Antike die Demut nicht gekannt hat, jedenfalls nicht so, wie sie im Beispiel Christi aufleuchtet und, ihm nachfolgend in all unserer niedrigen und primitiven Fehlerhaftigkeit, die fast nirgendwo das Resultat bösen Willens, sondern die Geißel unserer Unbildung ist, von jedermann in liebender Nichtperfektheit zu verwirklichen ist. Das aber schließt nicht aus, daß der vorchristliche und der außerchristliche Mensch in seiner Hingabe an seine Gottheit (»Gott, wie du ihn verstehst«) und im Dienst an seinen Mitmenschen demütig sein konnte und demütig sein kann.

Die Antike kannte kreatürliche Demut, fürchtete die Maßlosigkeit der Hybris und lehrte die Tugenden des Maßhaltens, der Selbstbescheidung, der Bereitwerdung zur Beachtung der eigenen Grenzen. Sokrates lehrte die »Ehrlichkeit vor sich selbst«, Bahnbrecher des Wunschs aller Selbsthilfealkoholiker nach »mehr Ehrlichkeit gegen sich selber«. Darin folgte Sokrates dem Spruch des delphischen Orakels: »Erkenne, daß du ein Mensch bist und kein Gott!«

Einsicht

Nicht mein Können, sondern die Abfolge des Alphabets hilft mir, ermutigt vom banalen Weiterschreiben, mich dem gravierenden Punkt, wie ich ihn derzeit verstehe, zu nähern. Nicht unfreie Nacherzählung des Erlebten belastet mich, nein, die innere Ordnung des Alphabets soll das Herbeirollen der Gedächtniswogen und ihr Abebben bestimmen. Wie der Mond die Ebbe und Flut der Nordsee beeinflußt, so soll das Gestirn der wahren Architektur der Liebe, das Alphabet als Brücke zur nichtgeschäftlichen Sprache von Angst, Liebe und Tod, die Ebbe und Flut der Südsee meines von Roswitha belebten Gedächtnisses beeinflussen.

Ich war eine halbe Stunde vor dem Eintreffen des Austria-Express Klagenfurt–Dortmund am Hauptbahnhof. Nachdem ich meinen Koffer in ein Schließfach gebracht hatte, flanierte ich in der Halle und betrachtete die Menschen, ohne sie zu beobachten. Ich beobachte niemals, weder Gott, Menschen, Tiere, Pflanzen noch tote oder lebende Natur, ich betrachte manchmal die Fülle oder den Mangel in meiner unmittelbaren Umgebung. Ich dachte: ›Du hast diese Frau nie gesehen, aber du wirst sie sofort erkennen, sofort, schon von weitem und unfehlbar... und das erste, was du Roswitha sagen mußt, ist die Tatsache, daß du dich in der Frage deiner Hauptangst geirrt hast, daß deine Hauptangst Angst vor Liebe ist und keineswegs mehr die Angst vor dem Rückfall, wie in den ersten vier Jahren nach dem Trinkstop...‹ Ich wurde sofort ruhiger und ging zum Blumenstand, wo ich einen Strauß aus weißen Forsytien und erdroten Gerbera kaufte.

Als ich zum Bahnsteig ging, lief der Zug ein. Der Bahnsteig war überfüllt. Eine Menge Reisender kam an mir vorbei. Ich sah Roswitha von weitem kommen. Ich kannte die Sprache ihrer Briefe und erkannte Roswitha von weitem, denn ich sah ihren von weitem auf mir verweilenden Blick. Ihre Augen trafen schließlich meinen Blick. Sie war noch etwa zehn Meter von mir entfernt.

»Roswitha, grüß dich«, sagte ich und wir gaben uns die Hand. Sie schaute ernst und lächelte dann, sagte, ihre Hand noch in meiner Hand: »Grüß dich, Ernst.« Ich empfand ihre Stimme festlich, aber Roswitha sagte später: »Für mich war das, am Hauptbahnhof, ein feierlicher Augenblick.« Ich betrachtete die Angekommene, sah nur ihren Blick. Dann begann ich zu sprechen. Was ich Roswitha als erstes hatte mitteilen wollen, das sagte ich ihr nicht. Es war verschollen in meinem Inneren und ich wußte nicht mehr, daß ich mir vorgenommen hatte, ihr vor allem das zu sagen. Als ich im Abschnitt »D« dieser Niederschrift angelangt war, tauchte die Einsicht aus der Verschollenheit.

Freude

Von den elben wirt entsên vil manic man:
so bin ich von grôzer minne entsên
von der besten die ie man ze friunt gewan.
wil si aber mich dar umbe ven,
mir zunstaten sten, mac si dan rechen sich,
tuo des ich si bite: si fröit so sere mich,
daz min lip vor liebe muoz zergen.
Sie gebiutet unde ist in dem herzen min
frouwe und herer dann ich selbe si:
hei wan müeste ich ir also gewaltic sin
daz si mir mit triuwen were bi
ganzer tage dri und etesliche naht!
so verlüre ich niht den lip und al di maht.
must li leider vor mir alze fri.[1]
Heinrich von Morungen (1160–1222)

1 Von den Elben wird berückt so mancher Mann: so bin ich von großer Liebe berückt von der Besten, die ein Mann je liebgewann. Will sie aber mich darum hassen, mich verderben, da mag sie sich rächen und tun, worum ich sie bitte: sie erfreut mich so sehr, daß ich vor Wonnen vergehe. / Sie gebietet und ist Herrin mir im Herzen und ist da mächtiger, als ich selbst bin: ach, hätte ich doch solche Herrschaft über sie, daß sie treulich wäre drei ganze Tage und Nächte dazu! Dann verlöre ich nicht das Leben und

Mein Frohsein kam von Gott. Für das Glücklichsein konnten Roswitha und ich dann einiges unterlassen an Furcht, Gleichgültigkeit und Selbstmitleid – und einiges unternehmen, um einander zu erfreuen. Die Freude kam am dritten Tag, dem letzten Tag, an dem es uns sprechend bewußt wurde, wie Frohsein Glück und Glück Freude brachte. Die Freude wurde die Festigkeit des Frohseins in der Sprache von unserer Liebe im Heute, die Festlichkeit der Erfahrung,

alle Kraft. So aber ist sie leider allzu frei von mir. (Übersetzung von Friedhelm Kemp, unter Benutzung der neuhochdeutschen Übersetzungen von C. von Kraus, München 1925, und nach Wehrli LM, entnommen der Anthologie »Deutsche Liebesdichtung aus achthundert Jahren«, herausgegeben von Friedhelm Kemp, München 1960)

Anmerkung zum obigen Text über Frohsein, Glücklichsein und Freude: Die Notiz machte ich in München am 12. Juni 1978, in einem Dialog mit Roswitha.

Heute, am 19. Juni 1978 in Frankfurt, las ich mit absichtslosem Interesse in dem Band mit den Liebesdichtungen und stieß auf Heinrich von Morungen, den ich für den später nie mehr erreichten Meister der Minnedichtung in Deutschland halte, weil er die Unfreiheit durch Liebe ebenso deutlich ausspricht wie das unverfügbare Geheimnis Gottes als bleibende Quelle irdischer Liebe, in deren Unfreiheit die Turbine Gottes aus Beseligung und Zerreißung, Wonne und Zermalmung uns zur Wahrheit in uns selber hinbringt, die allein freier macht.

Ich stieß also im absichtslosen Lesen auf Heinrich von Morungen und entdeckte die zu Beginn dieses kleinen Artikels zitierten Verse und staunte: Roswitha hatte mir »drei ganze Tage und Nächte dazu« geschenkt und, bei der Wahrheit meiner Angst vor ihrer Liebe, verlor »ich nicht das Leben und alle Kraft«. Ich habe so gründlich zitiert und das Erlebte angemerkt, weil mir nun einmal mehr deutlich wird, daß Liebe Liebe ist, wie ein jeder sie unbevormundet versteht, und daß sie eine von gesellschaftlichem Denken unabhängige menschliche Erfahrung ist, überlegen allen soziogenetischen und sozialen Veränderungen oder Manipulationen, neben der Liebe zu Gott, wie »du ihn verstehst«, die persönlichste aller menschlichen Erfahrungen, immer einmalig und »beispiellos, und doch als natürliches wie als gesellschaftlich-geschichtliches Urverhältnis das Allgemeinste, das in unabsehbarer Wiederholung dem einzelnen zustößt« (Friedhelm Kemp).

daß dieser Tag im Jetzt vollkommen und vollkommen ausreichend war zum Glücklichsein. Wird es mir gelingen, die verstörende Herrschaft der Liebe in diesem Wörterbuch auszusprechen, doch auch ihre göttlichen Beseligungen und Entrückungen?

Geist

Ich fing gleich an mit Notieren. Roswitha registrierte es. Ich sagte, schon voller Angst, diesem schrecklichen Engel zu mißfallen, mit dementsprechend knapper Unverfrorenheit: »Ach, Roswitha, der Geist steht nicht als Bettler in der Tür. Er ist arrogant, geht bald, dann für immer. Der Geist will, daß ich arbeite. Will ich das nicht, dann geht der Geist.« – »Und aus ist die Geschichte!« sagte Roswitha lachend. Was war ich froh, daß sie das mit dem Geist so heiter aufnahm! Zentner fielen von meiner furchtsamen Seele.

Heiterkeit

Während ich im Hauptbahnhof Roswitha die Blumen überreichte, schaute ich in Roswithas Augen und betrachtete ihren Blick. Ich sah wogende Furcht, hohe Freude, heiligen Glauben, leidvolle Hingabe, fiebrige Prägung, wilden Schmerz und ernste Zuversicht. Diese sieben Hütten der Liebe sah ich im Blick Roswithas, aber meine Sprache erreichte nur Roswithas erste Hütte, als ich sagte: »O, Gott – was habe ich mir, als dein Zug aus Klagenfurt vorhin einlief, für Gedanken gemacht! Ich dachte: ›Wie wird sie sein? Kommt nun eine Engelschöne oder eine Potthäßliche? Eine Kranke oder eine sinnlich Nüchterne? Eine Dunkle oder eine Helle oder eine Rote? Eine Leidende oder eine Heitere? Heben sie vielleicht eine junge Studentin im Rollstuhl aus dem Zug?« – »Und wen nun siehst du?« fragte Roswitha, den Atem plötzlich anhaltend. »Dich, die diese Briefe an mich geschrieben hat, Roswitha«, sagte ich.

Im Café Luitpold betrachtete ich Roswithas Antlitz. Ich sah mehrere Hautwunden in ihrem Gesicht, am Kinn und in der linken Wange. Die Wunden waren bedeckt mit einer fein verteilten Salbe und einem Puder. Roswitha nahm aus einer Tasche ein Geschenk, gab es mir. Es war eine prachtvolle Ausgabe der »Tantra Asana« von Ajit Mookerjee. »Aus Dankbarkeit an dein Ich! In einer Begegnung ohne Beschönigung. RK.« las ich auf dem Einschlagpapier. Auf dem Vorsatzblatt des Werks fand ich eine Karte mit dem Satz Lamartines: »Les mêmes souffrances unissent mille fois plus que les mêmes joies.« Da streifte mich zum erstenmal Heiterkeit in der Begegnung mit Roswitha.

Innigkeit

Wir verließen das Café Luitpold und spazierten im Hofgarten. Dort verließ Roswitha der Verdacht, meine Demut sei asozial, den sie von Anfang an in ihrer heftigen Wachheit durch ihre Briefe und durch ihre seltene Fähigkeit, Liebe verbal entgegennehmen zu können, deutlich ausgesprochen hatte.

Wir gingen zur Wilhelmstraße, wo ich in der Autorenbuchhandlung einige Worte sagte, zur Einführung der Dichterin Christine Koschel, die dort dann aus ihren Gedichten las.

»Mit dem Sklaven beginnt die Prosa und so ist auch die

ganze Gattung prosaisch«, sagte Hegel. »Mit dem Dichter beginnt mehr Freiheit, weil das schlechteste Gedicht immer noch weiter entfernt ist vom Geldgeschäft mit Sprache als die exklusivste Prosa«, sagte ich.

Am Ende meiner kleinen Ansprache erzählte ich, wie ich als Junge oft beim Hohen Vieh, meinem Großvater, übernachtete und die Nacht mit ihm durchwachte, um seinen Geschichten zu lauschen, während er seine vier bis fünf Pfeifen Strangtabak dabei rauchte.

Neben seinem Pfeifenkasten lag ein großer gelber Knochen. Der lag schon immer dort. Eines Nachts fragte ich das Hohe Vieh: »Karl, was ist das für ein Knochen?« – »Ja, Ernst, den Knochen habe ich damals, auf der Insel Ösel, dem Kaiser Napoleon aus dem Bein geschossen und mitgebracht«, sagte das Hohe Vieh mit heiterer Festigkeit. Mein Gott, Insel Ösel, wie dieser Wortklang einfuhr in meine Seele mit sprachlichem Musizieren, und dem Kaiser Napoleon direkt aus dem Kaiserbein geschossen – welche Arabik! »Hat der Kaiser Napoleon stark geblutet?« fragte ich. Aber Karl, hochsitzend in seinem breiten Kalifenbett, neben mir den kratzigen Tabak rauchend, sagte: »Junge, der Kaiser saß zu Pferde. Er hat geblutet aus dem linken Bein, das ist natürlich. Aber wie sehr ihm das Blut auch fortspritzte und sich so dunkel vermischte mit dem Rot seiner prachtvollen französischen Pluderhose, so überlegen hat der Kaiser den Verlust eines seiner Knochen abgetan, mit einer milden Gebärde, als verscheuche er nur eine Fliege, ohne sie treffen zu wollen. Siehst du, Ernst, das Blut eines Kaisers ist natürlich, aber das Herz eines Napoleon ist ein Werk des Geistes.«

Diese Freudennachrichten des Hohen Vieh waren Speise der Sprache bis zu meinem Ende. Als ich heimkam zu meiner Mutter, der Tochter dieses Giganten der Arabik, erzählte ich ihr vom Knochen neben Karls Pfeifenkasten. Aber Ruth sagte wegwerfend: »Was hat dieser verrückte alte Kerl dir wieder unter die Weste geschoben! Das ist ein ganz gewöhnlicher Schweinsknochen!« Ich ging äußerst irritiert umher, mehrere Tage. Dann erlebte ich das Schönste: Ruths desillusionierende Feststellung hatte der Arabik des Hohen Vieh keinen Abbruch tun können, nein, die Erzählung meines Großvaters erstrahlte nun noch reiner in der Wüste meines Angstschlafs Kindheit.

»So auch ergeht es mir mit vielen Gedichten der Christine Koschel. Was immer ich Ihnen an Erklärungen auch bieten könnte, alles würde in mir das Erlebnis verstärken, daß die Dichtkunst dieser kompromißlosen Nichtgeschäftsfrau im Reich unseres Elends mit Sprache Knochen sind, die Tina dem Kaiser Napoleon aus dem Bein geschossen hat«, sagte ich dem Publikum, welches mit strahlender Laune und ernst zugleich reagierte.

Jetzt

Notturno
von Saint-John Perse

Reif sind sie, diese Früchte eines eifernden Geschicks. Aus unsrem Traum erzeugt, mit unsrem Blut genährt, und die uns lockten in purpurner Nacht, die Früchte sind sie langer Sorge, Früchte ausdauernden Verlangens; sie waren unsre heimlichsten Genossen, und dem Geständnis nahe oft, riefen zu ihren Zielen sie aus dem Abgrund unserer Nächte uns... Alle Gunst im Feuer des Tages! reif sind sie und unter dem Purpur, diese Früchte eines herrischen Geschicks. – Und sind nach unsrem Wohlgefallen nicht.

Sonne des Seins, Verrat! Wo begann der Betrug, wo das Vergehen? wo war der Fehlgriff, wo der Makel, und die Irre, wo begann sie? Soll ich umkehren, anzuheben wieder vom Ursprung? zu durchleben abermals Fieber und Qual?... Hoheit der Rose, dir nicht gilt unsre Inbrunst: was unser Blut sucht, bitterer sei es, strenger, was unsre Sorge sucht, ungewiß sind unsere Straßen, und tief die Nacht, der unsere Götter sich entreißen. Hundsrosen und schwarzes Dörnicht bevölkern für uns die Küste des Scheiterns.

Reifende sind sie, diese Früchte einer anderen Küste. »Sonne des Seins, du schirme mich!« – Wort des Überläufers. Und die ihn sahen, der vorbeikam, werden sprechen: wer war dieser Mensch, und seine Bleibe, wo? Ging er allein, daß er den Purpur seiner Nächte zeige im Feuer des Tages?... Sonne des Seins, Herrscher und Herr! zerstreut sind unsre Werke, ohne Ehre, was wir vollbracht, und unsre Saaten ohne Ernte: die Garbenbinderin am Saum des Abends wartet. – Von unsrem Blut gerötet sind sie, diese Früchte eines Schicksals in Wettern.

Mit Schritten der Garbenbinderin entschreitet das Leben, ohne Haß und unentlohnt.

Übertragen von Friedhelm Kemp

In dieser ersten Nacht mit Roswitha in jenem Hotel wurde es gegen Morgen, ab 4 Uhr, sehr hell draußen. Ich legte mich endlich hin, endlich gab ich es auf, mich Roswitha offener preiszugeben. Sie lag, mir gegenüber, nun ebenfalls auf ihrem Bett und betrachtete mich mit einer Fassung, die mich beschämte. Ich schloß, mein Gesicht ihr zugekehrt, einen Augenblick die Augen, zermalmt und immer noch nicht erschöpft. Hinter meinen Augendeckeln erstanden die Strophen des »Notturno« von Saint-John Perse und ich las die auf Roswitha in meinem zermalmten Geist sich umordnenden Zeilen: »Und die sie sahen, die vorbeikam, werden sprechen: wer war diese Fremdin, und ihre Bleibe, wo? Ging sie allein, daß sie den Purpur ihrer Nächte zeige im Feuer des Tages?«

Ein tiefer Trost wehte mich an, als ich das mit dem »nur

für heute« wieder lernte und, inspiriert von Roswithas Liebesblick, es mit einem meiner Stoßgebete, meiner scheuen Gottesliebe in Lumpen, zu festigen wußte. Ich erfuhr nun Gnade, denn ich glaube nicht an meine Kraft zur Gnadenwahl. Wer an sie glaubt, dessen Glaube ist unantastbar. Ich glaube an die Gnade, nicht an die Gnadenwahl. Gnade hieß nicht, von Gott aus meiner nassen Hölle im rigorosen Brennpunkt eines Heute, jenes Jetzt im Moment meiner Kapitulation, errettet worden zu sein zu abermaligem Widerstand gegen die Flasche, errettet von Gott hinein in meinen Beginn mit Selbsthilfe, nein, das war keine Gnade, es war die Liebe Gottes, sinnlich erfaßtes Erbarmen mit mir und mit Schneeflocke und mit denen, denen durch dieses Erbarmen Gottes und durch mein Berichten hiervon hinkünftig Hilfe kommen sollte und weiterhin kommen soll – Gnade heißt für mich: Freude erfahren und Freude genießen zu dürfen, ohne Anmaßung gegen Trauernde und daher ohne Schuldgefühle. Gnade heißt für mich: am Leben sein, atmen zu dürfen, wie es sich jetzt ereignete unter Roswithas Blick.

Katholizität

Jesus Christus sagt: »In der Welt habt ihr Angst, dennoch seid getrost, denn ich habe die Welt überwunden.«

Juliana von Norwich schreibt: »Wenn der Mensch völlig leer ist bis auf seine Sehnsucht nach Ihm, der einzig das Gute ist, dann wird er imstande sein, geistliche Ruhe zu finden.«

Thomas von Aquin bekennt: »Ein Tag ohne Dankgebet ist für mich eine akute geistige Lebensgefährdung.«

Simone Weil notiert: »Gut ist, was Wesen und Dingen ein

Mehr an Wirklichkeit verleiht, böse, was ihre Wirklichkeit mindert.«

Léon Bloy schreit: »Der Kadaver Bloy soll abfaulen bei lebendigem Leib! Nur Hochmut stählt ihn! Aber Tränen der Freude schießen aus meinen argen Augen angesichts der einzigen wachsenden Seligkeit meiner geliebten, katholischen Kirche in Jesus Christus – ihren Irrtümern und furchtbaren Gebrechen. Denn in ihnen ist meine geliebte Kirche dem Erbarmen Christi am nächsten.«

Roswitha Kretschmer sagt: »Gott – für mich das Non-Plus-Ultra, dem ich jeden Tag fragend entgegentrete, warum der Nonkonformismus unserer Zeit überall auf der Welt derselben Wurzel entspringt, dem Zeugnis für die Menschenwürde, da jede unserer sonstigen Unbedingtheiten ein Fetisch ist. Warum mußtest gerade du aus der Kirche austreten? Warum gerade du aus Gravität?«

Leben

Für mich ist bei Gott die Quelle des Lebens. Und bei ihm ist, für mich, auch die Quelle des Todes. Wie eigenartig mich berührt, was ich hier zum erstenmal schreibe: »Quelle des Todes?« – Quelle, wohin?

Musik

Ich werde mein mit Phantasie und mit vollem sozialen Risiko verdientes Geld immer ohne schlechtes Gewissen einnehmen und ausgeben. In der Verwandlung von Geld in Lebensgenuß bin ich ein Meister. Die Umwandlung von Geld in Musik gehört zu meinen drei Leidenschaften.

Ich erzählte Roswitha, daß ich als Junge Dirigent werden

wollte, aber heute froh wäre, nur Schreiber geworden zu sein. »Sonst hätte ich die besten Orchester am meisten verbraucht. Es wäre nur selten zu einer Aufführung gekommen. Wenn Herbert von Karajan ein Probenteufel ist, ich wäre ein Probenluzifer geworden. Herrgott, Roswitha, aus Westfalen hätte ich mir eigens eine Bohnenstange kommen lassen, die hätte mir mein Assistent beständig parat halten müssen. Damit würde ich den harmonieverstaubten Kerlen, die tausendmal Mozart heruntergefiedelt haben, aber ernstlich Pausenzeichen geben. Mozart spielen? Ach, Roswitha: denen hätte ich zunächst einen Härtekurs in Gregorianik verpaßt, dann hätten sie Ländler gespielt, bis ihnen die Musik in die Pfoten gedrungen wäre und dann erst hätten wir mit Proben zu Mozart demütig und kapitulativ – aber schon sehr demütig, angefangen. Wien bleibt Wien, von wegen. Nein, zur Aufführung wäre wohl selten etwas gelangt, am besten überhaupt: nie! Bestimmte Bücher, zum Beispiel, müssen unbedingt gedruckt werden, aber sie unter die Leute bringen ist ein Greuel. Erstklassig ediert, sorgsam gedruckt, eingepackt und ab in den Keller, for ever, Roswitha – ich weiß nicht, warum ich diesen Gedanken schätze, aber ich schätze ihn, ungeheuer. Als Dirigent wäre ich ein Unglück geworden, beschränkte mich auf Schreiberei, so wurde es bloß eine mittlere Katastrophe und ich hoffe, mich noch ganz entschieden zu verschlechtern«, erzählte ich.

Roswitha lachte und erheiterte sich, je weiter ich dahinschimpfte, hochsauer wie Ludwig van. Das Irre ist, mir ist das alles todernst. Dann wollte ich für Roswitha und mich eine der mitgebrachten Kassetten abspielen und fragte beim Portier, ob ein Kassettengerät aufs Zimmer gebracht werden könne? Das sei leider nicht möglich, das Hotel besäße keines, hörte ich. Das Hotel heißt Grand Hotel Continental. Hotel Grand Erreur wäre realistischer. Ich wollte sofort ausziehen. Dann beschloß ich, das Fehlen von Musik hier gelassen zu ertragen, denn ich war äußerst ungelassen im Moment. Aber wo soll einer Gelassenheit erlernen, wenn nicht in der schärfsten Nichtgelassenheit?

Nacht

Am zweiten Abend unseres Lebens im Hotel wurde Roswitha langsam tiefsinnig, da sie meine Keuschheit offensichtlich nicht mehr ganz zu fassen vermochte. Ich registrierte es und versuchte, es zu überspielen, indem ich ihr aus meinem Tagebuch »Der zerbrochene Schlaf« (1973–1977) den Teil vorlas, in dem die geistige Fremdhilfe der Juliana von Norwich meine Rückkehr in die Welt der Nichtsüchtigen einzuleiten begann.

Wir saßen, einander gegenüber, auf dem Bett. Ich las wie immer, langsam, ruhig und nahezu unbetont, der Sprache allein den Vortritt verschaffend, mich selber nur als mitatmenden und nahezu wesenlosen Sprecher entmachtend, ergriffen von neuer und staunender Liebe zu Juliana und zu der Frau Tülym (d.i. »Schatten des Mondes«), die in der Partie, die ich las, damals mir zur Hilfe kamen, als alles in mir stagnierte.

Nach der Lesung fragte Roswitha mich: »Ernst, warum hast du mir das vorgelesen?« Mit Roswithas Frage wurde es schlagartig Nacht in mir. Ich tat noch, als begriffe ich diese vollkommen unschuldige Frage nicht ganz. Dann flüchtete ich ins neue Versagen und antwortete: »Um zu tun, was ich dir heute versprach, um dir den Einstieg Julianas von Norwich in meine damalige Trockenkrankheit zu vermitteln.« Es war Halbwahrheit. Ich hatte (auch) vorgelesen, um meine Angst, mit Roswitha zu schlafen, nicht aussprechen zu müssen. Ich hatte Angst, mit Roswitha zu schlafen, denn mir ging nur ein einziger beständiger Gedanke durch mein Inneres wie ein Umgänger und wie ein Wiedergänger: ›Wenn du mit ihr schläfst und später nicht mehr mit ihr schläfst, oder von diesem Moment an nicht ununterbrochen nur mit ihr allein schläfst, dann wird sie leiden wie eine Viehin – und sie wird es dann darauf zurückführen, daß ich das Interesse an ihr verloren hätte...‹ Ich fürchtete mich, das zu Roswitha zu sagen. Ich fühlte, wie sie mich vollkommen durchschaute.

Von diesem Augenblick an kam ich innerlich herunter. Wir blieben im Hotel und mein Zustand wurde, in Phasen, immer schielender und hinkender und schlimmer, denn mein Herz geriet in einen tiefen Untrost. Roswitha schaute mich an und ihr Blick wurde machtvoll vor Liebe. Kein Wort verließ ihren von Weisheit beseligten Mund, welches Unruhe oder Empörung darüber, daß ich nur halbwahr blieb, gezeigt hätte. Und keine Beschwichtigung kam von dieser Liebenden, sondern nur helle, heiße, bleibende Hilfe durch Nichthilfe.

Offenbarung

Lange um das tätige Verstehen des Wortes Ordnung mich bemühend, erschien mir das Wort »Offenbarung« als das liebste Wort mit dem Anfangsbuchstaben »O«. Im Griechischen und Lateinischen bedeutet es »die Hülle, den Schleier wegziehen«, auch »Enthüllung«. Der deutsche Terminus nimmt ein anderes Bild zu Hilfe: »die Bahre«, das »Aufbahren«. Offenbaren meint »etwas obenauf bahren«, so daß es gesehen werden kann (Handbuch theologischer Grundbegriffe II, 242, München 1963). Schon hieraus ist zu ersehen, daß das Wort, die gesprochene oder geschriebene Aussage, nicht das bestimmende Kennzeichen der Offenbarung ist.

Da ich nur das Wort habe, wenn fremde Liebe es mir schenkt, kann ich als Mensch nichts offenbaren. Gott offenbart. Er zieht die Hülle meiner Unwahrhaftigkeit, den Schleier meiner Furcht von mir, er allein enthüllt seine Schöpfungen in dem mir unzugänglichen Licht, in dem er wirkt und in dem ihn noch nie ein Geschöpf zu dessen Lebzeiten wahrgenommen hat (1, Tim. 6, 16). Gott allein kann alles, was zu sehen mir nützlich ist, »obenauf bahren«, so daß es gesehen werden kann.

Es ist meine Erfahrung aus dem dritten Morgen mit Roswitha in München, von dem ich im Artikel »Freude« alles Wesentliche mitgeteilt habe, daß nichts, was mir zu Gebote steht, jemals offenbarenden Charakter hatte noch jemals haben wird, sondern daß Gott seine Liebe an mir, durch Roswitha, zu eurem entschiedensten Trost und mit vollkommener Freiheit, offenbart hat. Das zu fassen werde ich vielleicht müde, denn ich bin krank, aber meine Erzählung wird dessen niemals müde, denn meine Sprache ist nicht krank.

Prüfung

Am frühen Nachmittag des 11. Juni 1978 trafen Roswitha und ich Christine Koschel aus Rom, meine respektvoll geliebte Freundin, die ich rotzfroh Tina nenne, im Restaurant »Adria« auf der Leopoldstraße in München. Wir hatten uns verabredet und trafen fast im selben Augenblick zusammen.

Soeben war die vierbändige Ausgabe der Werke von Ingeborg Bachmann erschienen, ediert und herausgegeben von Christine Koschel, Inge von Weidenbaum und Clemens Münster. Ich wußte um die lange, stürmische und hellsichtige Liebe Tinas zur Zeitgenossin Ingeborg Bachmann und zu deren Werk. Ich erinnerte mich an eine Unterhaltung über Ingeborg Bachmann, nach der ich 1963, ein Jahr vor meinem ersten Zusammenbruch in meiner Trunksucht, meine erste Prosaveröffentlichung überhaupt wegen Ingeborg Bachmann riskierte. Denn Ingeborg Bachmann war, wie ich, zuletzt eine Politoxomane (Alkohol und Tabletten). Damals, als ich über sie schrieb, wußte ich alles über sie und mich, aber ich erkannte es nicht, und damals erkannte ich es auch nicht bei mir, obwohl ich kurz vor meinem ersten vollständigen Schiffbruch stand.

Tina erzählte vom Ende Ingeborg Bachmanns, in das Tina, ohne Wissen von der Krankheits*bedeutung* (Wahnsinn, Selbstmord oder sämtliche andere Todesarten – oder Gruppenselbsthilfe), mit Schrecken persönlich verwickelt war. Dann erzählte sie von der jahrelangen Arbeit der Edition und Herausgabe der Werke der verstorbenen Süchtigen. Dann kam sie auf den soeben von Peter Hamm im »Spiegel« (Nr. 23 vom 5. Juni 1978) veröffentlichten Essay zur Ausgabe der Werke Ingeborg Bachmanns: »Der Künstler als Märtyrer« zu sprechen. In mir stieg eine grauenhafte »Jammer-Ionisierung« (um einen der nichtgeschäftlichen Begriffe Roswithas zu verwenden) hoch: eine bösartige und rückfallfähige Granate aus Ekel, Zorn, Pessimismus, Sarkasmus, Verzweiflung und peitschender Höflichkeit explodierte in meinen Eingeweiden. Warum wird von denen, die wußten und wissen, daß diese Dichterin eine Süchtige war, nicht der einzige und lebendige Literaturwissenschaft auslösende Tatbestand, Suchtkrankheit, öffentlich ausgesprochen? Warum schluckte selbst Tina die Falschmünzerei, die aus Weigerung entsteht, die lapidare Tatsächlichkeit zur soliden Grundlage spiritueller Erfahrung des der Krankheit verdankten und abgerungenen Sprachwerks zu machen?

Ich habe stoßgebetet und habe mich gemäßigt. Während Tina noch dazu überging, einen anderen Zeitgenossen, der die nicht verstandene Krankheit Ingeborg Bachmanns sicher tief verzweifelt wie Schneeflocke mit mir, längere Zeit ahnungslos mitertragen mußte, kunstreich und orakelhaft anzuklagen. In diesem Augenblick, noch einmal Roswitha anschauend und an Schneeflockes aussichtsloses Heldentum mich erinnernd, verschlangen mich Nacht, Totschlagwut, Trauer, Frustration und Groll, verschlangen mich die Knechtsfaktoren meines wüsten ungemilderten Charakters und ich verschlang dabei die Werke Ingeborg Bachmanns und das geschah so, wie in der Offenbarung des Johannes (Kap. 10, Verse 7–10) das Verschlingen eines Buchs dargelegt ist:

»Und die Stimme, die ich aus dem Himmel hörte, redete wiederum mit mir und sprach: Gehe hin, nimm das geöffnete Büchlein in der Hand des Engels, der auf dem Meere und auf der Erde steht. Und ich ging zu dem Engel und sagte ihm, er möge mir das Büchlein geben. Und er spricht zu mir: Nimm es und iß es auf; und es wird deinen Bauch bitter machen, aber in deinem Munde wird es süß sein wie Honig. Und ich nahm das Büchlein aus der Hand des Engels und aß es auf; und es war in meinem Munde süß, wie Honig, und als ich es gegessen hatte, wurde mein Bauch bitter gemacht.«

Das Aufessen der Sprache Ingeborg Bachmanns, dieser Krankensprache, verursachte mir in meinem Inneren Obertöne von so hoher Frequenz, daß sie meine ganze Hirnrinde erbarmungsvoll lähmten, mich dann ganz durchdrangen und in meiner Magengrube zu einem Schmerz wurden, der die Jammer-Ionisierung überwältigte. Da fühlte ich endlich, im tiefen, zerreißenden körperlichen Schmerz, wie bitter ich in meinem Bauch war und ich erfuhr die schrille Gefahr und den Genesungsfunken in dieser Prüfung.

Zu Tina sagte ich dann: »Ich werde ab heute keinen mehr kritisieren, der von kranken Produktiven verschweigt, was allein sie zum Wunsch, sich auszudrücken, befähigt hat – und was vielen längst bewußt ist. Denn wie lange habe ich selber in Furcht und Zittern von Dingen geschwiegen, obschon sie mir schließlich klar bewußt wurden. Ich will keinen kritisieren, weil ich selber nicht eine Spur besser war, als es darauf angekommen wäre, mir selber zu helfen. Und dich bitte ich, die Suche nach fremden Schuldigen am Elend der Ingeborg Bachmann ab heute für immer einzustellen, denn Sucht hat diese Kranke unglücklich und leidend und fähig zum Höchsten, was einer vermag, gemacht: dem Wunsch nach Sprache nicht zu entsagen.« Diese Prüfung war vorüber.

Quelle

Heute, Roswitha, möchte ich dir über die Quelle meiner Dankbarkeit schreiben, was ich weiß. Die Quelle ist rein, ihr Name ist Phantasie. Wie auch der Morgen dieses neuen Tages nach der langen Nacht nun begonnen hat, so quillt die Quelle Phantasie auf mit neuer Frische.

Ich erlebe, daß Phantasie hochgradige Wirklichkeit ist, aus der Schimmerungen des Gefühls machtlosere Wirklichkeiten herbeisignalisieren. Vor allem die Wirklichkeiten »Gott, wie du ihn verstehst«, »Leben im Heute anstatt im Immer-nur-gestern und Immer-nur-morgen« und eine

»kommende ganz andere Wissenschaft«, sowie, Frucht dieser Dreiheit, eine endlich mögliche Politik aus mehr Selbsthilfen in allen Ländern der Erde. Die Grundlage aller drei hier erwähnten Wirklichkeiten heißt Liebe – und außerhalb der Liebe gibt es keine bleibende politische Vernunft.

Keineswegs sind jene Schimmerungen die Phantasie selber, sondern sie sind nur deren Abstrahlung. Die Phantasie ist die hochgradige Wirklichkeit in ihrer jeweiligen Geburtsphase, deren Echtheitssiegel immer Schmerz heißt.

Wer die Tatsächlichkeit dieser Aussagen an seiner Lebensgeschichte, als einer Geschichte mehrerer unerwarteter Rettungen, zu überprüfen geneigt wird, der kann erfahren, daß Phantasie Wirklichkeit und daß Phantasieren erlernbar ist – falls er sich, nach dieser Überprüfung, so annimmt, wie er wirklich ist. Dies ist jedem möglich, wenn er seine geistigen Fremdhelfer benennt. Die Benennung derer, die geholfen haben, löst die phantasierende Tätigkeit aus. Mein Wörterbüchlein ist ausgelöst von der Quelle meiner Bewegung, deinen Namen zu nennen, mir und dir aufzudecken, wie sehr du mir geistige Hilfe gewährt hast. Das Phantasieren aber ist der Weg zur Phantasie, zur noch nicht ausgeborenen Wirklichkeit, die oft ärmer, aber stets lebendiger ist.

Nicht im Wahn, dies zu können, sondern in dem Hergang des Geneigtwerdens ereignet sich die alle Not sanft umwälzende phantasierende, geistige und leibliche Erquikkung, das Erlebnis des bessernden Schmerzes, der sich entfernt, sobald er uns gut geleitet hat.

Das Phantasieren beginnt in dem Erlebnis des Geneigtwerdens. Es tastet sich zum Besseren und zeigt uns die überreichliche Fülle des Möglichen. Darum ist der höchste Ausdruck des phantasierenden Menschen sein Gebet.

Roswitha
Erfahrung ihres Namens

Reichtum einer Seele, die das Unglück und die Gottesliebe bejaht – und ein Meer der Ahnungen erlebt:

Ordnung ihres Geistes durch die Entscheidung, nur in Liebe Lust und Zuflucht zu suchen:

Schmerz einer Leidenschaft, der ihr die Sprache entbindet, ihr erzengelhaftes Feuer, ihre erlösende Strenge, diese Taubenschwingen der Mitempfindung, die Süße ihrer Entdekkung, daß ihr Fleisch Wort ward:

Weiß der Rose, dem Sinnbild der natürlichen Schau Gottes, die, wie eine Rose dem Morgentau, ihrer Sterblichkeit freudig entgegenwächst:

Intelligenz aus Reichtum, Ordnung, Schmerz und natürlicher (wachsender) Schau Gottes:

Trost im Absterben der Welt, in dem sie Aufbrüche zum anderen Leben erfährt:

Halt allein im Geist aus Fragen und durch Besinnung aus Erkenntnis:

Anfang aus dem Ende und ein neuer, abenteuerlicher Weg durch die Erfahrung ihres Namens.

Es wurde Mittag. Der dritte Tag, Tag des Abschieds. »Wann fährst du nach Augsburg?« fragte Roswitha. »Wir haben noch sechs Stunden Zeit, falls du dich entschließen kannst, erst morgen mit dem Mittagszug nach Graz zu fahren«, sagte ich. »Ich werde dich zu deinem Zug bringen, dann meinen Bruder besuchen und morgen fahren«, sagte sie. Ich fing an, den Suchtausbruch der Liebe zu Roswitha zu erfassen. Zarathustras Lied murmelte mir zu, die Tatsache zu sehen, wie sie seit Friedrich Nietzsches Gedicht unumstößlich ausgesprochen ist:

O Mensch! Gib acht!
Was spricht die tiefe Mitternacht?
»Ich schlief, ich schlief –,
Aus tiefem Traum bin ich erwacht: –
Die Welt ist tief,
und tiefer als der Tag gedacht.
Tief ist ihr Weh –,
Lust – tiefer noch als Herzeleid:
Weh, spricht: Vergeh!
Doch alle Lust will Ewigkeit –,
– will tiefe, tiefe Ewigkeit!«

Ich vermochte es nicht, zu Roswitha in meiner eigenen Sprache von meiner Liebeskrankheit (Liebessucht) zu sprechen; ich wagte es nicht, ihr gegenüber zuzugeben, daß ich dieser jedesmal neu ausbrechenden Sucht unterworfen bin – und daß ich mein Leben in dieser Krankheit allein nicht meistern kann. Ich blieb stumm.

Auch das Schweigen Gottes ist ein Königreich der Sprache. Im Schweigen Gottes hört die ganze Schöpfung dem gefesselten und verhöhnten einzelnen in den Gefängnissen unserer Unehrlichkeit gegen uns selber zu. Wem keiner mehr zuhört, weil sein Gebrabbel, Geheul und Gejammer für jedermann unzumutbar wird, dem hört, im Schweigen Gottes, die ganze Schöpfung in Mitgefangenschaft und in freierem Gelingen gleichwohl zu.

Ich erkannte es in München, weil Roswitha mir auch da zuhörte, wo ich redete, um meine wahren inneren Mängel und Fehler nicht zu bekennen. Roswitha hörte mir in diesen Phasen meiner größten Bitternisse eher noch ruhiger zu. Ohne mich zu unterbrechen, ohne mich später zu tadeln und ohne mich zum Besseren aufzufordern. Im Zuhören Roswithas verstand ich auf einmal und zum erstenmal, welches Königreich der Sprache Zuhören ist. Darin lag der lebendige Trost. Da dachte ich innig an Roswitha von Gandersheim[1] und gab Roswitha in meinem Inneren den Namen Roswitha von Graz.

1 Roswitha, Hr'othsvith von Gandersheim, Dichterin aus niedersächsischem Adel, geboren um 935, trat in das Kloster Gandersheim ein und erwarb sich dort eine brisante theologische und literarische Bildung. Zuerst schrieb sie Heiligenlegenden (»Pelagius« u. a.) in Distichen und leonischen Hexametern, schließlich bedeutende Dramen, christliche Antworten auf die Komödien des Terenz. Roswitha konnte Dialoge schreiben und sie hatte dramatischen Verstand, denn ihre lebendigen Szenenfolgen sind Höhepunkte geistiger Hergangshandlungen. Ihre Dramen waren nicht für die Bühne gedacht, sondern sind christliches Theater für solche, die sich durch Literatur besinnen wollen. Die Dichterin starb nach 975 in ihrem Kloster.

Ursprung

Überleben im zunehmenden Wahnsinn in mir selber und um mich herum steht und fällt mit jener Sprache der Süchtigen, die der Sucht widerstehen. Die nichtgeschäftlichen Begriffe in dieser Krankensprache erscheinen mir wie Eilande der Furchtlosigkeit im Meer des aufbrandenden Wahnsinns, in dem wir alle nur darum nicht lauf aufheulen und schreien, weil Apathie dieses Meer zufriert, jene Apathie, die auch in mir ihr Werk verrichtet und die mich dazu bringen will, mit einem Ende aller spirituellen Bewegungen auch das Ende aller meiner körperlichen Bewegungen einzuleiten.

Verantwortung

> »Das Unglück ist untrennbar von dem körperlichen Leiden und dennoch etwas völlig Verschiedenes. Wenn wir leiden, ist alles, was nicht mit körperlichem Schmerz oder etwas Ähnlichem verbunden ist, künstlich, imaginär, und kann durch eine entsprechende Geisteshaltung aufgehoben werden.«
>
> *Simone Weil, Die Gottesliebe und das Unglück (Frühjahr 1942)*

Anders als ein Unglück oder ein Leiden, erlebte ich in München ein Elend: Richtiges zu erkennen, zu versagen und das Richtige alsbald zu verlieren, in der Weise, daß ich es auch aus meinem Bewußtsein verlor, während es in meinem Gedächtnis mein Elend fundierte. Frucht dieses Elends: daß ich anfing, mir innere Verantwortung für das körperliche Leiden Roswithas anzumaßen, für ein Leiden, welches meine Freundin nicht nur bejaht als echte Prüfung, weil es mit körperlichem Schmerz verbunden ist, sondern aus dem diese Frau die Insignien fühlbarer Liebe zu mir, unter anderem, schuf, in der ganzen Zeit, in der wir beisammen waren, frei und überreichlich und sinnlich nüchtern.

Weil ich mir Verantwortung für diese zu ihrer Prüfung Fähige anmaßte in meinem damals nicht mehr aufzudekkenden Elend, konnte Roswitha die Stärke meiner Mitempfindung nicht so froh genießen, wie Mitleiden, Knospe aller Selbsterfahrung, es sonst jedermann ermöglicht. Dennoch gelang es Roswitha, durch Geduld und Zuversicht in meine Willigkeit zur Umkehr und durch jene Gelassenheit, die ein bejahtes Leiden machtlos hervorbringt, mich langsam und sicher in Verantwortung für mich selber zu geleiten: Empfahl mir Roswitha auch darum die Niederschrift dieser Wörtergeschichten, damit ich, schreibend, meine Irrtümer und die Stufen meines Versagens aus dem Gedächtnis in mein Bewußtsein heraufhole? Meine Leiden in München, was ich dafür hielt, waren künstlich, imaginär, und konnten durch eine entsprechende Geisteshaltung aufgehoben werden.

Welt

Warum ist die Welt? Wozu bin ich in der Welt? Warum ist Welt mein heute liebstes Wort mit dem Anfangsbuchstaben W? Ist Welt ein Wort? Wort, Musik, Sehnen? Ist diese Welt der Ort meiner beschränkten Einsicht in meine Geschichte mit meinem Schöpfer, meinem Erlöser, meinem Tod? Wer hieß mich fragen?

Xenie

Die Nacht, die du hier siehst im Gleichgewicht
des schönen Schlafes, bildete im Stein
ein Engel. Schlaf heißt ihr Lebendigsein.
Wenn du's nicht glaubst, so weck sie auf: sie spricht.
Michelangelo Buonarroti,
übersetzt von Rainer Maria Rilke, mitgeteilt
von Roswitha in München

Xenie (grch. »Gastgeschenk«); im Altertum Gastgeschenke, die Freunde miteinander austauschten, später auch die, die der Gastgeber nach der Mahlzeit verteilen ließ. In der Literaturgeschichte: bei Martial Titel des 13. Buches seiner Epigramme. Danach nannten Goethe und Schiller ihre satirischen Distichen gegen literarische Erscheinungen ihrer Zeit »Xenien«, von denen 414 (1796) in Schillers »Musen-Almanach für das Jahr 1797« erschienen und eine literarische Sensation bewirkten, die sich in einer Flut von Gegenveröffentlichungen äußerte.

Am 12. Juni 1978, dem 86. Geburtstag von Djuna Barnes, die ich als die kompromißloseste und reichste Schriftstellerin Amerikas liebe und verehre, schenkte mir Roswitha im Hotel Continental in München die Anregung zu diesem Wörterbuch. Diese Xenie ist reicher als mein Anteil an unserem Logbuch durch die Furt des Heute.

Yin

Yin Yang (chines. »dunkel und hell«), kosmologische Begriffe aus der chinesischen Philosophie seit dem 5. Jahrhundert vor Christus. Dem Yin, dem Dunklen, der Schattenseite des Seins, entspricht das Weibliche, die Erde, die Nachgiebigkeit. Dem Yang entspricht das Männliche, der Himmel, die Stärke. In der Idee des Uranfangs, dem T'ai-ki, sind beide Seiten desselben zusammengefaßt.

Ein Vorfahr des Hohen Vieh kidnappte in Shan Hai eine ihm Holde, die kluge Li. Klug darum, weil sie der Liebe dieses wilden Pilgrims vertraute, eines Seidenfachmanns und Pfarrherrn im Nebenberuf und eines Zynikers. Pfarrherr in Münster, lebte Christian von den Einkünften seiner damals exklusiven Kenntnisse und nahm für seine Gemeindedienste, im Namen der Gottesliebe, kein Geld. Er brachte Li aus Shan Hai heim nach Münster. In Bückeburg, elf Häusern mit Ginsterhecken, die im Mai so verschwenderisch gelb blühten, hielten Li und Christian rechtschaffen Hochzeit. Sie lebten zweiundzwanzig Jahre in gefaßter Liebesehe. Der Vorfahr des Hohen Vieh schrieb Notizhefte mit »Metaphysischen Minderungen«, in denen er Li unaufhörlich zitiert.

Im Liebesbrand meiner Familie wurde wenig zitiert, wir dachten selber, doch wen wir lieben, den zitieren wir. Die letzte metaphysische Minderung des Pfarrherrn Christian (von dem das Hohe Vieh seine Idee von »Sterns Christian«, dem Halbbruder Gottes, nahm) war Verärgerung, in der er mit zwei anderen heimischen Sturherren die Protestantische Kirchenzucht in Westfalen, geschehen zu Münster, handgreiflich beendete, in der Woche nach Lis Ableben. Dann zog sich Christian zurück in seinen Staketenzaun, betete und bereute seinen hochmütigen, jähzornigen und wilden Charakter, betrat zum letzten Mal das Kirchlein seiner sonst demutsvollen Amtsschaft und hielt seine letzte Predigt, in der er jedermann seinen Zorn, aber auch seine Bußfertigkeit darlegte und sich mit fester Liebe von der kleinen Schar der Gottesbrut verabschiedete und sein Sterben nach der Predigt ankündigte und mit dem letzten Wort vornüber auf das Predigtholz sank und tot war.

In der Freiheit ihres Gastgeschenks am Tag unseres Abschieds sah ich in meiner Freundin Roswitha die reine Wonne des Yin. Der Schmerz einer Liebenden ist natürlich, aber das Herz Roswithas ist ein Werk des Geistes.

Zuversicht

Sie bestellt einen Salat, ich bestelle Kaffee. Sage zum Zimmerkellner: »Es war schön hier, ich habe mich erholt, bin zur Ruhe gekommen, heute endlich.« Der Zimmerkellner: »Da sind Sie wirklich zu beneiden, denn das schaffen die meisten, die hier wohnen, nicht.« Er geht. Roswitha kommt aus dem Bad, ißt den Salat, sagt: »Das Essen hier ist wirklich nicht schlecht.«

Meine Zuversicht in unsere Liebe an diesem Tag jetzt gründet in dem Erlebnis, daß wir nicht Angst und Wirrnis, aber alles bewußte Böse von uns ferngehalten haben in unserer Begegnung in München. Ich fragte Roswitha: »Worin liegt deine Zuversicht in uns beide?« – »In deiner Herzlichkeit«, sagte Roswitha.

Wir hatten es einfach, wenn auch nicht leicht, wir hatten nichts zu verlieren, alles zu gewinnen: uns selber.

An diesem letzten Tag mit Roswitha wollte ich weder baden noch duschen. Der Mensch ist immer ein stinkendes Wesen, allerdings manchmal mit Geist, Schmerz und Zuversicht im Gestank. Der Mensch geht eigentlich nicht, aber so geht er, soeben.

ABSCHIED VON DER MUTTER

Zum Gebet Nr. 31

Sie hatte oft gesagt: »Mir ist, als hätte ich von Wilms Ableben lediglich gehört. Oft meine ich, Wilm kommt herein und sagt mit seiner Lehmstimme: ›Tag, Ruth...‹«

Im August, neun Monate nach Wilm, schien sie durch irgend etwas verstanden zu haben, daß Wilm tot und auf dem kleinen Dorffriedhof beerdigt ist. Sie brauchte die Zeit, die ein Mensch von der Zeugung bis zur Geburt braucht, um den Tod ihres Weltgefährten zu begreifen. Dann fiel sie seitlich am Tisch herab auf den Fußboden, verlor ihr Bewußtsein und erlangte es nicht wieder. Neun Tage und Nächte später starb sie im Krankenhaus.

Schneeflocke, meine Schwester Doris und ich standen mit Leuten aus dem Dorf auf dem Friedhof, wo Ruth neben Wilm bestattet werden sollte. Als Pastor Hans-Peter Blümcke die Aussegnungsformel am offenen Grab gesprochen hatte und die Patres von Osberghausen den Sarg mit den leiblichen Überresten Ruths an Stricken herabließen in die Kuhle, war mir, als würden mir die Knochen aus dem Leib gezogen. Es war ein Schmerz, der mich im ganzen Leib daran erinnerte, daß ich ein Mann vom Tage bin. In diesem Schmerz erinnerte das Gedächtnis mein Bewußtsein außerdem daran, daß ich damals, als ich aus Ruths Leib vor sechsundvierzig Jahren geboren wurde, einen ähnlich intensiven Schmerz erfuhr und später sicher war, von dem Phänomen Zeitspaltung berührt worden zu sein. Im Leib meiner Mutter war ganze Zeit gewesen. Beim Austritt meines Kopfes aus ihrem Leib erlebte ich ganz andere Zeit: relative Zeit in fortschreitender Zeitspaltung.

Ich verließ mit den anderen den Friedhof. ›Du bist kein Sohn mehr‹, dachte ich verwundert. Wir gingen miteinander weiter, Doris und Schneeflocke und ich, redeten am Ausgang des Friedhofs mit Leuten aus der Gegend und mit zwei Kusinen Ruths und ich erlebte es, daß in unserem Gerede noch Wörter waren. Ich empfand die glanzlose Wirklichkeit dieses Nachmittags mit großer Erleichterung und betete im Gerede um Sinn für glanzlose, sorgfältige Arbeit. In der Besinnung, die in mich eintrat, empfand ich Freiheit durch bejahte Bindungen und Freiheit durch Unbetrunkensein. Aber diesen zwei Formen der persönlichen Freiheit im Meer der Apathie war eine bahnbrechende Liebe vorhergegangen, Gottes Schöpfungsliebe. Von ihr phantasierte ich im Dastehen unter den Leuten.

VON DER ENTSTEHUNG DES WORTS IM GRUND DER SEELE DURCH GEBET UND BESINNUNG

Zum Gebet Nr. 32

> »Was der Dichter braucht, ist Erinnerung, genau gesagt: nicht so sehr Erinnerung, sondern aus Erinnerung direkt gestaltete Realität.«
> *Marcel Proust zu Anna de Noailles, nach dem Ableben seiner Mutter.*

Aus Geist, Leere und Nichts schuf Gott uns alle und so auch mich. Aus Geist schuf er mein Herz, mit Leere füllte er mir den Leib. Das Nichts bestimmte er zur Fackel meiner Sprache. Aus Liebe und zur Liebe machte Gott alles. So auch mich angstreichen, groben und wilden Pilgrim.

Mit einem Schimmer Liebe stattete er mich aus und baute vier Mauern um mich unflätigen Mann mit diesem Schimmer im Leib. Eine Mauer aus Angst, eine Mauer aus Zorn, eine Mauer aus Schmerz und eine Mauer aus Lust baute Gott um mich. Dabei lächelte er ruhig und schamlos und betrachtete den Schimmer in diesen Mauern.

Dann sagte er zu Sterns Christian, seinem Halbbruder: »Befestige du die vier Mauern um den Schimmer dieses Mannes nun noch mit vier furchtbaren Pfeilern. Denn ich habe Mauern aus Todessucht um einen wilden Pilgrim gebaut. So befestige du diese Mauern mit Pfeilern der Liebessucht.«

Sterns Christian stützte die Mauer aus Angst mit einem Pfeiler der Unehrlichkeit. Er stützte die Mauer aus Zorn mit einem Pfeiler des Hochmuts. Die Mauer aus Schmerz stützte Sterns Christian mit einem Pfeiler aus Feigheit. Die Mauer aus Lust aber stützte er mit einem Pfeiler der Sprache.

Dabei lächelte Sterns Christian ruhig und schamlos und sagte zu Liebreich, dem äsenden Tod in mir: »Die Mauern aus Todessucht und die Pfeiler aus Liebessucht umgürte du mit einem unsichtbaren Faden Siechtum. Dann wollen wir sehen, ob Todessucht, Liebessucht und Siechtum den Schimmer Liebe auslöschen.«

Liebreich zog einen unsichtbaren Faden der Trunksucht um die Pfeiler der Liebessucht und um die Mauern der Todessucht. Dabei betete Liebreich ruhig und schamlos und sagte zur Phantasie, der Prinzessin Sprache vom Himmel und holden Schwester aller Schuldbewußten: »Hier, Phantasie, übergebe ich dir ein Siegel der Freiheit durch Liebe.«

Da verwandelte sich Phantasie in die Tochter eines Wesirs aus Arabien, in Scheherazade. Sie kannte einen geduldigen, gelingenden und splitternden Weg des Gelingens der Freiheit durch Liebe und hauchte mir im Leib meiner Mutter sehnend entgegen: »Du Knospe der Liebe im Leib der Angst, finde deinen Schimmer.«

NACHTLEBEN

Zum Gebet Nr. 33

»Dialog statt Dialektik – Gemeinsamkeit statt Kollektiv.«
Martin Buber (1878–1965)

In München machte ich eine Lesung am Odeonsplatz. Mehr Publikum, als ich gehofft hatte. Ich bekam Angst. Das Beste, was ich schreiben kann, ist für das schlechteste Publikum der Welt bei weitem nicht gut genug. Ich betrachtete die vielen einzelnen, die gekommen waren und sah, in der ersten Reihe, die beiden Schwestern, innig die Hellere, inbrunstvoll die Dunklere. Die Dunklere und ich tauschten einen langen Blick und ich war sicher, nicht mit dem Lesen beginnen zu können.

Von weitem hörte ich, neben dem Lesetisch in dem großen und vollbesetzten Saal stehend, wie jemand über mein Buch sprach, mich dem Publikum vorstellte. Die Dunklere und ich waren mit einem neuen langen Blick schon tief verschränkt in einen Dialog. Ihre Schwester trug an dem Revers des Kleides eine Blume. Ich hatte mir in einem Blumenladen an der Hohenzollernstraße eine Aster für das Knopfloch im Kittel gekauft, ging zu der Dunkleren hin, nahm die Aster und schenkte sie ihr. Dann brach der Bann und ich begann mit der Lesung.

Nach der Lesung ging ich mit Leuten in ein Restaurant. Die beiden Schwestern stellten sich vor. Stephanie, die Hellere, sagte: »Ihnen verdanke ich, daß ich als Katholikin wieder zu beten wage. Ich bin mit meiner Schwester seit Wochen in einem intensiven Gespräch über Ihr Buch und heute haben wir uns gesagt, wir gehen zur Lesung und zwar früh, erste Reihe. Ich bin neunzehn und studiere Sprachen.« Die Dunklere sagte: »Ich bin Dandy. Zwei Jahre älter als Stephanie. Wir leben zusammen. Wir brauchen uns. Ich bin Schauspielschülerin.«

Im Restaurant saßen wir alle an einem langen Tisch. Dandy setzte sich mir gegenüber. Stephanie nahm neben Dandy Platz. Wir unterhielten uns über Martin Bubers Empfehlung in seiner Rede auf Erasmus von Rotterdam. Der Dialog griff über den ganzen Tisch aus, weil ohne Absprache jeder demjenigen, der sprach, anfing zuzuhören. Nach einer Weile wünschte Dandy mich an einem anderen Tisch zu sprechen. Dort erzählte sie mir von sich, von einem großen Liebesglück und von einem umso schmerzlicheren Unglück, einer Enttäuschung mit sich selber. Betroffen von dieser jugendlichen Weisheit betrachtete ich nun ihre inbrunstvolle Schönheit wissender. »Als du mir deine Aster brachtest, mußte ich daran denken, daß ich heute am Nachmittag, zum erstenmal seit der Kindheit, heiß und laut schluchzend geweint habe«, sagte sie. Ich sagte: »Morgen mittag fahre ich nach Frankfurt. Willst du bis dahin mit mir zusammen sein?« – »Ja«, sagte Dandy.

In dem Nachtrestaurant, das bis in der Frühe um 4 Uhr geöffnet hat, trafen wir eine Stunde später ein. Stephanie hatte sich von uns verabschiedet. Die Anwesenheit vieler anonymer anderer Leute milderte die Spannung zwischen Dandy und mir. Wir erzählten einander und jeder hörte dem anderen mit wachsendem Interesse zu. Dandy fragte: »Was sind hier in dieser Nacht unsere Tätigkeiten?« – »Das Zuhören, das Staunen, das Erzählen von sich selber, die Erwartung der Liebe, die Verrichtung der Liebe nur für heute, der Beginn einer Freundschaft für länger, die Verständigung über den Mut zum Möglichen«, sagte ich. »Das ist die Geburt aus der Sprache nach der Geburt aus der Mutter«, sagte Dandy. Dann bekam sie Angst und sprach ihre Angst aus. Dann erzählte ich Dandy von meiner Erfahrung mit Angst, wie sie mich früher, da ich sie nicht aussprach, gewürgt und gelähmt hatte und wie sie mich heute, da ich sie ausspreche, vor Unterwürfigkeit und Größenwahn und haßerfüllter Suche nach fremden Schuldigen bewahrt. Dandy sagte, nach einer längeren Phase des Begreifens: »Ich erlebe Gefühle.« – »Was für Gefühle?« fragte ich. »Zuerst bei deiner Lesung und im Dialog unserer Blicke waren es Liebesgefühle. Zu Beginn in diesem Nachtcafé wurden es Liebesgefühle und Angstgefühle. Nun kommen Lustgefühle«, sagte Dandy. Sie zögerte und sagte: »Heute, bevor ich Stephanie umarmte und weinte, hatte ich endlich wieder Ahnungen von mir selber. Und in der Zeit davor hatte ich Ahnungen von Geburt, von zweiter Geburt.«

Als wir zur Hohenzollernstraße gingen, sagte sie: »Dein Buch habe ich, ohne Probleme mit Alkohol oder Tabletten, als Roman eines Sindbads der Angst gelesen. Als du berichtetest, wie das Hohe Vieh dir als Kind die Geschichte von Sindbad dem Seefahrer vorlas, ging mir auf, daß du ein Sindbad der Angst bist und da wünschte ich mir, eine Scheherazade der neuen Katholizität zu werden, fasziniert vom Mut Stephanies, die dein Buch in die Tat umsetzte für sich selber.«

Im Hotel zog Dandy sich sorglos aus. Welche Schönheit, welche Anmut, welche Akademie! Das Wunder war, selbst ich zog mich sorglos aus. Dandy lag im anderen Bett, mir gegenüber. Wir rauchten, sprachen miteinander, betrachteten uns. Dann überkam Dandy eine selige Machtlosigkeit, dann der Schlummer. Ich betrachtete die Schlummernde eine Weile hingerissen, löschte das Licht und schlief auch ein. Das Telefon weckte mich auf. Es war halb neun am Morgen. Eine Frauenstimme bat mich in Panik, in einer Abteilung der Klinik Haar anzurufen, stammelte dann Entschuldigungen wegen der Störung, sagte mir, durch wen sie mich gefunden hätte, stieß wirre Einzelheiten wegen ihres Bruders hervor. Ich versprach ihr, dort anzurufen und die Frau beruhigte sich etwas. Ich rief in Haar an und erhielt einen Gesprächstermin mit dem Eingelieferten. Dann löschte ich das Licht wieder und dabei erwachte Dandy. Sie zog mich zu sich herüber und wir schliefen miteinander.

Gegen Mittag frühstückten wir im Café Luitpold. Dandy sagte glücklich: »Sindbad, zu meinen Gefühlen kam, während ich einschlief, noch ein Genuß hinzu, der Genuß, zu verstehen.« Dann sagte sie: »Ich bin froh, denn ich bin ein Wagnis eingegangen. Das Wagnis lag darin, mir zu vertrauen.« – »Hast du einen geistigen Wunsch?« fragte ich sie. Dandy dachte über meine Frage nach und sagte: »Ja, ich habe einen geistigen Wunsch: Was ich gewagt habe, das zu halten, es zu entwickeln und es an andere weiterzugeben.«

FERNE UND NÄHE

Zum Gebet Nr. 34

Auch Gott drüben
über dem Meer, er trat mir,
da ich ihn suchte, nah.
Wo nicht Liebe verbindet,
da ist die weitere Fahrt.

INNERE INVENTUR

Zum Gebet Nr. 35

25. Oktober 1978. Der helle Tag. Heute vor zwanzig Jahren sprach ich Schneeflocke im Café Select in Zürich an und sagte als ersten Satz zu ihr: »Bitte, machen Sie sich mit dem Gedanken vertraut, wir beide, wir heiraten.« Das helle Lachen Eleonoras sehe ich heute noch. Mein Deutsch schien ausreichend.

Am Vormittag, von Köln kommend, kaufte ich der Lor einen Strauß Astern und eine Flasche Sherry. Sie mag Sherry. Im Taxi dachte ich daran, daß Schneeflocke, Eidgenossin und Schweizerfrankenpreiserin, zu ehrlich verdientem Geld eine körperliche Liebe hat. Denn vor fünfzehn Jahren, in München, wo sie unter extremen Bedingungen manchmal ein Markstück rettete und im Bett verwahrte, sah ich sie eines Morgens im Bett liegen, nackt gestrampelt auf dem Bauch, noch schlummernd, und sah auf der einen Hälfte ihres divinen Popos, in dem mehr Erleuchtung war als in einem unbenutzten Gebetbuch, sah also auf der einen Hälfte dieses Fleischs, das wahrlich Wort ward, ein Markstück kleben. Schneeflocke hatte, mal wieder, das Minimum für eine Semmel ohne Butter und für ein Joghurt und für ein Katastrophentelefonat gerettet. Mir fiel das ein und ich überlegte im Taxi, ihr für jeden mit mir verbrachten Tag eine Mark zu schenken. Bei zwanzig Jahren kam ich, im Taxi durch Frankfurt brausend, Astern und Sherry in den ziemlich dekadenten Flossen, auf 7300 Mark. Ich mußte den Plan aufgeben, denn ich besaß nur etwa 2000 Mark. So übergab ich der strahlenden Lor daheim die Blumen und den Tropfen für schatzige Damen.

Am Mittag rief ich Heinz Sobota an, dessen Buch »Der Minus-Mann«[1], gelassen verfaßt von einem Plus-Vieh ohne eine einzige falsche Reuepose, mir darum Zuversicht in die Intelligenz der schmerzhaften Suche nach sich selber vermittelt. Ihm nannte ich mein Problem. Sobota hörte sich alles an, sagte dann, aber schon leider sehr amüsiert: »Schauns, Herr Dichter, spendierens der Dame statt einer Mark pro Tag einen Groschen pro Nacht und pro Tag. Sie kommens auf 730 Mark und Sie retten den Charme der Idee.« Beeindruckt sagte ich: »Sobota, dafür promoviere ich dich mit wachsender Wirkung zum Doktor der Philosophie des Möglichen, ab heut bist du der Doktor Sobota.« Der Doktor Sobota lachte herzlich und sagte: »Ah, schön ists! Zahlen konnst nur selten, aber dafür konnst promoviern und des macht ein enormes Vergnügen.« Hierzu ich, fern von Humor und ganglientrocken: »Womit du gleich auch die mündliche Prüfung inspiriert bestanden hast, denn das Agens der Philosophie des Möglichen ist, selbstverständlich, enormes Vergnügen.«

Schneeflocke bekam zu den Astern, dem Sherry und einem komplexen Kuß noch einen schriftlichen Revers über 730 Mark, zahlbar durch mich bei Vorzeigen. Nun, die daraufhin aus ihrem Zürcher Suadenmund hervorströmende Liebeserklärung und Suade über den Eingang eines trockenen Schnapshundes in momenthafte Nüchternheit, ein Redekunstwerk aus Erinnerungen, Anspielungen und Verstandesschönheiten, die mag euch der Doktor Sobota demnächst einmal überliefern.

Es wurde abends im Hotel Frankfurter Hof gespeist. Man ißt nicht im Frankfurter Hof, man ißt im Park Hotel, das ist klar. Indessen haben wir in dem Hotel, in dem ich, von Am-

[1] Heinz Sobota, Der Minus-Mann. Ein Romanbericht (Köln 1978).

sterdam als Bettelerzähler kommend, vor Jahrzehnten meine erste Nacht in Frankfurt, diesem Arabien der Arbeit, befreit und phantasierend verbrachte, den Selecttag gefeiert. Beim Essen und längst wieder in meiner mundfaulen Betrachtungsweise, machte ich eine innere Inventur.

Nur Schreiben macht mir zum Erlebnis, daß ich existiere. Denn ich kann nie sagen, was ich in Wahrheit denke. Schreibend indes komme ich manchmal in die Nähe dessen, was ich denke. Das Denken aber ist der alles erfrischende, schmerzhafte Neubeginn meines Fühlens. Und fühlend erfahre ich, daß ich existiere. Daher macht mir nur das Schreiben zum Erlebnis, daß ich existiere.

Ich existiere als Alkoholiker. Die Krankheit bleibt. Ich bin nicht glücklich dank der Krankheit, aber dank meiner Erfahrungen mit der Selbsthilfe mit Leuten im selben Boot bin ich entschieden weniger unglücklich.

Höchste Freude: mein Forschen nach den Grundlagen der Phantasie. Es gibt keine Lösung für allgemeine Probleme, es gibt Erlösung durch Selbsthilfe bei einzelnen.

Ich fühle, daß dieser Tatbestand mein Dasein als heute politisches Individuum, welches daher jede Form von Parteidenken und jede Form von Parteipolitik bewußt vermeidet, vollkommen befriedigt. Machtlosigkeit heißt mein Korn Leben. Denn ich kann heute zugeben, daß Probleme aus leidender Allgemeinheit vollkommen unlösbar sind und daß ihre Vernichtungsgewalt zunimmt, bis kollektive Tiefpunkte eine Politik aus mehr Selbsthilfen in Europa einleiten können. Ich kann das zugeben und geistig aushalten, weil ich es selber erlebt habe und durch Selbsthilfe mit anderen seither überlebe. Darum heißt mein Verstehen von Politik Liebe zum Weniger und Festigkeit im Möglichen. Und mein Verzicht auf Parteipolitik ist keine Verachtung für demokratische Parteien und schon gar keine Verachtung für diejenigen, die in demokratischen Parteien arbeiten und eine lernende Demokratie mitschaffen, in der ganz andere Politik, mehr Selbsthilfen auf dieser Erde, auch außerhalb der Krankheit Alkoholismus, sich überhaupt erst entfalten können. Beide politischen Schaffensweisen sollten miteinander einig werden im selben Interesse: zu helfen, der Welterrettungssucht gemeinsam zu widerstehen und das jetzt Mögliche dafür jetzt und nicht demnächst zuversichtlich anzupacken.

DER ACHTE KONTINENT

Zum Gebet Nr. 36

Sieben Kontinente sitzen an einem Tisch, Europa mit seinem Gedächtnis, Asien mit Bewußtsein, Nordamerika mit aller Technik, Südamerika mit seinem Schmerz, Afrika im Ausbruch, Australien mit dem Reichtum seiner Einsamkeit, Antarktis mit wachsender Kälte. Man berät. Das seelische Erlöschen, die geistige Erstarrung, die leibliche (sprachliche und körperliche) Lähmung aller sieben Bevölkerungen in allen sieben Kontinenten. Man berät umsonst. Jeder Kontinent verheißt seine Errungenschaft, aber alle durchschauen die Euphorie eines jeden, nichts geht mehr.

Ein unerwarteter Fremdling kommt. Keiner kennt ihn, denn jeder erleidet und leugnet ihn, keiner begrüßt ihn. So ein Allerweltsgesicht, das typische Todesfutter, um dessentwillen man sich hier die Köpfe zerbricht. Was will der überhaupt? Kann er es nicht abwarten? Eine Frechheit eigentlich, hier zu stören. Man bietet ihm keinen Stuhl an. So was wird ja, erfahrungsgemäß, sofort unverschämt. Indigniertes Beiseiteschauen.

Der Fremde sagt: »Mein Name ist Krankheit. Apathie. Ich bin der achte Kontinent.«

Entschlossenes Schweigen in der Runde. Krankheit wartet, aber nicht sehr lange. »Ich kam hier nur vorbei, vergeßt mich«, sagt der Fremde und wendet sich zum Gehen.

»Halt, einen Moment«, haucht Europa. Typisch Europa, typisch für Gedächtnis. Der Fremde hält ein. Dreht sich noch einmal um, mustert die Sieben gefaßt und auf einen Blick hin. »Was haben Sie zu bieten?« fragt Asien mit Bewußtsein. »Zunächst, ihr könnt du zu mir sagen. Sodann: ich habe nichts mitgebracht und außer euch selber habt ihr nichts zu erwarten. Mir braucht ihr nichts zu bieten, ich helf mir schon selber und es geht mir passabel. Aber euch friert der Arsch zu, ziemlich unfeierlich inzwischen. Aber macht, was ihr wollt. Ob ihr endlich kapituliert und Selbsthilfe macht oder nicht, ist eure Entscheidung. Bei mir lohnt es.« – »Kapitulieren? Nie! Niemals!« schreit Afrika in heißer Wut. »Guten Tag, entschuldigt die Störung«, sagt die Krankheit und wendet sich zum zweiten Mal zum Gehen.

»Einen Augenblick, noch einen Augenblick«, sagt Nordamerika mit seiner Fähigkeit zur Freundschaft mit Fremdlingen, mit seiner nun langsam aufdämmernden Erinnerung an die frühe Zeit der Urbarmachung des eigenen, wilden Kontinents. Der Fremde kehrt sich zum zweitenmal zu den Sieben um.

»Was rätst du uns?« fragt Nordamerika. »Mehr Ehrlichkeit gegen euch selber, sodann abmagern und schuften, bis euch das Angstwasser zu Wasser des ganz anderen Lebens wird, drittens beten, ohne einen Funken Heilszuversicht im Diesseits oder im Jenseits nüchtern beten, um den Mut zur Geduld vor dem Willen einer höheren Macht, Gott, was immer jeder von euch darunter verstehe. Das ist nur eine Empfehlung.«

»Du bist der achte Kontinent«, murmelte Australien aus seiner Erfahrung mit Einsamkeit. »So ist es«, antwortete der achte Kontinent. »Was wäre Selbsthilfe?« fragte Australien. Der achte Kontinent lächelte. Die Entwicklungen greifen niemals zurück, es gibt keine Wiederholungen, es gibt nur Sterben oder Lernen vom Gewesenen. So mithin lächelte der achte Kontinent, weil Australien fragte und nicht Nordamerika, von wo das alles herkam einst, weil eben Australien fragte, wo alles neu beginnt demnächst, was aus Amerika herkam.

»Selbsthilfe wäre es, wenn ihr alle Sieben zugäbt, daß ihr vor euch selber und eurer geleugneten Krankheit aus Erkrankung eines jeden von euch an jedem inzwischen machtlos geworden seid und daß ihr die Welt nicht mehr meistern könnt. Das wäre der alles entscheidende erste Schritt. Der zweite Schritt wäre es, wenn ihr euch entscheiden könntet, jeder für jeden, euch mit eurer bitteren Erfahrung des Mißlungenen gegenseitig zu mehr Ehrlichkeit gegen euch selber zu helfen. Der dritte Schritt wäre es, Kraft und Zuversicht aus dem ehrlichen Zugeben eurer vollständigen Niederlage regelmäßig und kostenlos miteinander zu teilen. Der vierte Schritt wäre es, daß jeder Kontinent jedem Kontinent, der von sich aus um Hilfe bittet, jede ihm mögliche Hilfe sofort gewährt, ohne Geld dafür zu nehmen, um dafür Selbstachtung anstatt Geldprofit und um mehr Gemeinschaftlichkeit anstelle von noch mehr schuldbewußter Selbstisolierung zu gewinnen. Der fünfte Schritt wäre es, dankbar für das allerwinzigste Durchatmen der Kränkesten unter euch zu werden und diese Dankbarkeit Gott, wie jeder von euch ihn auf seine Weise versteht – und verstehe er darunter auch nur die Gemeinschaftlichkeit eurer Gruppe im selben Boot – in froherer Sprache zuversichtlich anzubieten. Der sechste Schritt wäre es, den Zögernden unter euch geduldig und in Achtung ihres Leidens demutsvoll immer wieder zu empfehlen, ohne falsche Scham zu essen vom Tisch eurer gemeinsamen Selbsthilfe, denn dieser Tisch wird bald reich gedeckt sein und je mehr jeder von diesem Tisch nimmt, umso reicher wird der Tisch. Denn sein Geheimnis heißt sofortige Hilfe ohne Geld und ohne Einmischung später, heißt Empfehlung und nicht Gebot, heißt immer mehr Geduld dank leidvoll ausgehaltener schärfster Ungeduld. Der siebte Schritt heißt Überlieferung der minimalen Besserungen, die euch allen dann unfehlbar gelingen, an alle, die nach euch kommen.«

»Ohne Geld nehmen – helfen?« fragte Antarktis mit seiner Kälte. Dann begann Afrika böse zu murren. Nordamerika wurde bleicher als verdient, und Südamerika brach in zynisches Gelächter aus. Asien sagte lapidar: »Der Typ ist verrückt, reif für die Klapse.« Und Europa zweifelte.

Der achte Kontinent wandte sich nun zum dritten Mal zum Gehen. Dieses Mal ging er wirklich, ging trocken durch die letzte Tür nach draußen. Zum Türhüter sagte die Krankheit ruhig: »Freund, die da drinnen sind noch nicht tief genug. Aber sie werden den Tiefpunkt, ohne den nichts geht, bald erreichen. Und zwei oder drei von denen da drinnen sind jetzt zu Ahnungen gekommen und das wird allen helfen, dank der tiefsten Not sich aufzurichten. Denn der Tiefpunkt ist nicht das Schlimme, die Unzuversicht ist das Furchtbarere und die wirst du, Türhüter – wer weiß es, bald ändern.« Damit entfernte sich der achte Kontinent aus jener Gegend.

FREIHEIT

Zum Gebet Nr. 37

Meinem Freund Traugott Koch gewidmet

Vom Hohen Vieh sagte dessen Tochter Ruth, meine Mutter: »Das Hohe Vieh ist ein freier Mann, er kann helfen und er läßt sich helfen – vornehmlich von schönen Frauen.« Ruth war selber eine hinreißende Frau, sie konnte Tatsachen ohne Entrüstung und ohne Bigotterie nicht nur erkennen, sondern Tatsachen auch offen genießen.

Heute bin ich fünf Jahre frei von Alkohol und frei vom Frieden der Chemie, jedweden Tabletten. Das ist trockene Freiheit für einen Alkohol- und Tablettensüchtigen. Froh aber bin ich, daß ich heute eher noch notwendiger meine Truppe brauche als vor fünf Jahren und daß ich pünktlich und regelmäßig dort erscheine. Denn daraus wird, früher oder später, für mich nüchterne Freiheit kommen, die Freiheit zu helfen und die Freiheit mir helfen zu lassen. Heute liegt in meinem Wunsch, anderen Alkoholikern zu helfen, immer noch zuviel Hoffnung und Aufforderung, sie sollten es möglichst so anfangen und durchziehen wie ich. Das ist nur halbe Hilfe, besser als nichts, aber nur trockene Hilfe, Hilfe im Block der Ungeduld und der Empörung wider alle immer noch gutgeheißenen Schweinereien des Geldgeschäfts mit Süchtigen.

Indessen erweist sich meine Anfängererfahrung als beste Hilfe für andere Anfänger, denn (noch) identifizieren sie sich mit mir. Darum will ich zufrieden sein, daß wenigstens das mir möglich ist. Aber dieser fünfte Jahrestag ohne den geringsten Ausrutscher seit dem Morgen meiner Kapitulation ist, wie ich heute schon den ganzen Tag fühle, kein Tag naiver Zufriedenheit.

Das einzige, was ich von mir jetzt sagen kann, ohne nervös zu werden, ist die Tatsache, daß ich langsam doch gelernt habe, im Wort *Selbst*hilfe die erste Hälfte zu unterstreichen und dementsprechend auch zu handeln. Gemessen an der Alltagsfreiheit, die sich daraus ergeben hat, war mein schlimmster Tag und die leerste Nacht seit der letzten Flasche und den letzten Tabletten besser als der intensivste Tag und die splitterndste Nacht in der nassen Zeit seit dem Kontrollverlust.

Mein Weg aus einem schrankenlosen Egoismus in wohlverstandenes Selbstinteresse, das mir nur nützt und anderen nicht schadet, hat immerhin begonnen. Schneeflocke sagt neuerdings, bei meistens berechtigem Anlaß zur Kritik an meinem Verhalten: »Am meisten haben sich deine ersten fünf Jahre ohne Alkohol in dem Punkt deiner krankhaften Unruhe gelohnt. Früher hast du überall Unruhe, Panik und Haß verbreitet und ausgelöst. Du bist ruhiger geworden. Und mit deinem Schreiben nach dem letzten Glas hast du heute schon mehr erreicht, als wir alle jemals wissen werden. Manchmal hast du noch Ausbrüche, aber du korrigierst dich wieder. Das war früher nicht möglich. Und du bist in jedem Lebensbereich immer selbständiger geworden, zwar immer noch steif wie dein Vater, aber in der Welt beweglicher. Und du genießt jetzt auch deine Marotten viel mehr, redest immer weniger davon, lebst sie aus wie einer, der anfängt, sich allmählich so zu nehmen, wie er im Fundament ist.« – »Wie bin ich denn im Fundament?« fragte ich meine Mutterbezwingerin neugierig. »Alkoholiker«, sagte Schneeflocke mit der ihr eigenen

Heiterkeit, mit der diese Frau Ihrem Tatsachenrealismus huldigt.

Von Herkunft und Zuhause her ein deutscher Puritaner, aufgewachsen in einer angst- und sprachbetonten protestantischen Umgebung mit den Idealen Arbeit, Gehorsam vor den Oberen und schweigendem Verzicht, indessen merkwürdig stark angesprochen von allen Selbsthilfen des Überlebens mit allein geistigen Mitteln, vermochte ich, kindlicher Protestant mit starker Hingezogenheit zum Katholizismus, diese inwendigen puritanischen Tatbestände zu verwinden, weil mein Austritt aus der Kirche längst beschlossene und später vollzogene Sache war. Ich, fremd mir auch in meinen eigenen Schuhen, fühlte mich überall als Fremdling und trat aus meiner mir per Geburt verordneten Kirche aus, weil ich mich fremd in jeder organisierten Theologie fühlte und fühle. Indessen empfand ich es bis heute immer als Glück, daß ich unverärgert die Kirche verließ, weil Dankbarkeit für entscheidende geistige Begebenheiten innerhalb der Kirche, geschichtsbestimmtes Gedächtnis von der Gottesliebe und ihren Konsequenzen im Alltag, mich mit Achtung und Liebe zu allem, was ich die Botschaft des Evangeliums nenne, bis heute berühren. Puritaner blieb ich auch ohne Kirche, ein Angstreicher mit tobenden Kräften der Phantasie und der Sinnenlust im Leib, der sich indessen gläubig derjenigen Moral, die Verzicht und schwere Dauerarbeit will, für immer verpflichtet fühlte, der nur an eines in dieser Welt leidenschaftlich glaubte: an Gott und an den Wert geistiger Werke.

Gott kulminierte für mich in der heiligen Trinität von Angst, Liebe und Tod und als geistige Werke vermochte ich mir nur Gestaltetes aus dem Stoff dieser Trinität vorzustellen. Mit diesem hier beschriebenen Puritanismus kam ich als

Junge im Dorf zu mir, erfaßte meine Beschränktheit und die provinzielle Welt in ihrer perfekt gegängelten Beschaffenheit und begann zu trinken.

Die reiche Kindheit hatte mit dem ersten Schultag in der Dorfschule ihr schlagartiges Ende gefunden. Es begann die Zerstörung der Phantasie in einem erkennbar nicht verabredeten und hochorganisierten Gewerbe der Niederwerfung jedes eigenen Willens zugunsten von Privilegien Weniger, was ich radikal mißbilligte. Von Schule, Gymnasium über Lehrzeit und Universität bis zum Berufsleben sah ich überall nur eines: Zerstörung von Phantasie, nicht als Werk böser Einzelner, sondern als eine Struktur, die als »Normalität« bezeichnet wurde und zwar von Leuten und ihren Kulissenschiebern, die ein finanzielles Interesse daran hatten, daß diese Struktur nicht öffentlich bezweifelt wurde. In einer lodernden heißen Wut, für die die gute Seite meines Puritanertums die lebendigste Schmerzgrube wurde, nahm ich mir als junger Mann vor, genau diesen Zweifel öffentlich und leidenschaftlich zu gestalten. Darum sagte ich zu Wilm, meinem Vater, mit siebzehn Jahren: »Ich werde Schriftsteller.« Und Wilm, der sich schon sprechend gegen die Nazis entschieden hatte, sagte ohne Begeisterung, aber auch ohne jede Abwiegelung: »Naja.«

Das war alles und das war zugleich die einzige »Förderung der Literatur«, die ich zeitlebens akzeptiert und angenommen habe, weil sie keine Subventionierung war.

Die ersten fünf Jahre des Trink- und Tablettenverzichts, die am heutigen Tage enden, waren entnervende Jahre. Der Kampf gegen das immer drohende und wartende erste neue Glas, geführt aus einer aufgelaufenen Lage jahrelanger Selbstentwürdigung durch Weitertrinken wider bessere, aber im Alleingang ohnmächtige Erkenntnis, dieser im permanenten Wachbleibenmüssen geführte Kampf auch gegen die falschen Verheißungen der Pharmaschweinerei (Schweinerei in jedem Fall und ohne Wenn oder Aber für alle Sorten von Süchtigen), er verschärfte sich immer mehr, je länger ich trocken blieb, weil ich mich trocken besser kennen und verstehen lernte. Wer anfängt, sich zu verstehen, der erlebt fortschreitende Trockenheit; wer anfängt, andere zu verstehen, der wird momenthaft und schrittlangsam nüchtern.

In diesen Jahren meiner Abtrocknung erfaßte ich meine völlige persönliche Niederlage, meinen Schiffbruch als Schriftsteller, sodann meine gesellschaftliche Niederlage.

Ich erfuhr auch von Außen her keinerlei Anerkennungen, denn ich erkannte mich selber nicht an. So wurden mir in dieser ersten schmachvollen und nach Liebe schmachtenden Zeit alle Signale fremder Zuversicht in meinen zum Stehen gebrachten Schweinkram zu unerträglichen Belastungen, weil ich mich fürchtete, die daraus ergebenden inneren Verpflichtungen niemals verwirklichen zu können.

Das ging so zwei Jahre. Dann sah ich die ersten mehrjährig Trockenen kippen, weil sie ohne Alkohol und ohne Tabletten im Leib keine sexuellen Liebesbeziehungen zum anderen Geschlecht mehr herzustellen wagten. In einem Katarakt von Wut, kalter Panik vor dem Rückfall und Nichtsprechenkönnen über diese Dinge mit Schneeflocke, die alles ohne Murren ertrug, brach ich aus in eine lange Phase der krankhaften Selbsterhöhungen, böser Entgleisungen, in vehemente Fremdgängerei, in Ungerechtigkeiten und Rücksichtslosigkeiten gegen Schneeflocke und andere, alles verkappt unter einem Mäntelchen von Zeitgeist, dessen Fadenscheinigkeit und Erfolg, wachsende Apathie, ich sonst angriff.

Aus dem trockenen Alkoholiker war ein workoholic geworden. Und aus dem workoholic wurde, wiederum in einem lange nicht begriffenen Automatismus des Umsteigens, ein sexoholic. Aus dem workoholic wurde, als der seine Geldschulden abbezahlt und seine Impotenz durch ehrliche Sprache in der Truppe beendet hatte, prompt ein sexoholic. Der workoholic existierte als Begriff und als anerkannte trockene Phasenexistenz, in der Selbsthilfegemeinschaft – der sexoholic war verdrängt. Nichtsüchtigen und entschiedenen Kritikern an meinem entsprechenden Verhalten verdanke ich es, daß ich diese Phase begreifen, in den Meetings offen von meinen diesbezüglichen Erfahrungen sprechen – und die Phase sachgemäß benennen konnte. Der sexoholic ist heute in der Gruppenselbsthilfe nicht mehr verdrängt, ich konnte mich seither ändern und das verdanken wir Süchtigen einigen Nichtsüchtigen.

Mein einziges Selbstwerterlebnis bis heute ist die Tatsache, daß ich Leuten helfen kann, denen keine Religion, keine Medizin, keine Pharmazie, keine Wissenschaft, keine Philosophie, keine Therapieindustrie, keine Fürsorge, kein Staat helfen kann. Ich indessen kann es, weil ich mir selber helfe, zumindest nicht versorgt werden muß und weil ich öffentlich und in der Selbsthilfegruppe die Psychosophie der herumschwatzenden Tausendschönchen der Therapiegeschäftsleute mit harten Abfuhren bediene.

Indem ich jedermann, der dies von sich aus ehrlich wünscht und seine Ehrlichkeit durch Stehenlassen der Flasche unter Beweis stellt, knapp und faktenklar und kostenlos erzähle, daß es auch bei mir, mit Ach und Krach, solide und auf Dauer geht und warum sich das für mich persönlich lohnt, kann ich Leidenden zumindest aus der allervordersten und allerschmutzigsten Zone des Sumpfs, der nicht aufhört, weil ein paar Schluckerinnen und Schlucker nicht mehr schlucken, heraushelfen und mich damit (und mit nichts sonst auf dieser Welt) selber auch trocken halten. Und zwar nur innerhalb der Selbsthilfegruppe. Außerhalb einer solchen Gruppe führt alles nur zu lebensgefährlicher Problemhätschelei und zur gleichzeitigen Unterschätzung von Seigneur Louis, der mit Ruhe wartet.

Dieses einzige nie abnehmende Selbstwerterlebnis hielt mich bei der Truppe und nur dort, nicht etwa vom relativen Bescheidwissen in meiner Krankheit, blieb ich trocken.

Die Entgleisungen, Ungerechtigkeiten und Rücksichtslosigkeiten gegen Schneeflocke und viele andere haben mir drakonisch klar gemacht, wie sinnlich nüchtern Juliana von Norwich war, als sie Sünde als »das von ihr verursachte fremde Leid« beschrieb. Allein schon dafür liebe ich Juliana von Norwich ganz gewiß mehr, als ich meinen Sünden zu gehorchen gedenke. Ihre allen Willigen verständliche und darum wahrhaft mystische Einfachheit, die keine Leichtheit ist, hat mir mehr geholfen, meine Sünde in dem von ihr beschriebenen, konkreten Sinn zu bereuen und umkehren zu wollen in ein verzichtenderes und geduldigeres Verstehen der anderen, als selbst die weiter in mir schuftende Sucht nach der letzten Flasche es verhindern konnte. Ich bereue jeden Akt aus Denken, Handeln und Unterlassung, mit dem ich mein persönliches Unrechtsbewußtsein außer Kraft zu setzen suche, als Sünde – und nur in dem Wunsch, Sünde zu korrigieren, überwinde ich meine Trübsal immer wieder und kehre mich den Leuten um mich herum mit froherem Interesse wieder zu, froh auf einer ernsten Basis, freudig ohne jede Keep-smiling-Anwandlung, dankbar dank Gedächtnis und beginnendem Mitweltbewußtsein.

Die Freiheit in der Krankheit Alkoholismus heißt »Heute das erste Glas stehen lassen« und die Liebessucht umwandeln in machbare Liebe zu Elenderen in der Truppe. Die Freiheit in der Literatur heißt Freudigkeit vor dem Geheimnis der Einheit von Angst, Liebe und Tod. Die Freiheit im Tod heißt Leben lernen. Die Freiheit zur Liebe heißt Verzicht und Aufleben im Schmerz. Dies alles sind nur meine persönlichen Erfahrungen, mitgeteilt ohne jeden Anspruch auf allgemeine Richtigkeit.

DREI SCHLÜSSEL

Zum Gebet Nr. 38

Schneeflocke hat einen Hausschlüssel, einen Autoschlüssel und einen Kellerschlüssel. Den Hausschlüssel braucht sie zur Sicherung ihrer lustvollen Herrschaft durch Rechtschaffenheit oder, um sie zu zitieren: »Vergnügt zu sein, weil ich anständig lebe und fast keine Fehler habe, oder!« Den Autoschlüssel braucht sie zu ihren aushäusigen Abenteuern oder, um sie zu zitieren: »Wenn es an meinem VW eine Videokamera gäbe und du sehen könntest, wo ich überall herumfahre, dir Zimmermensch würden die Haare weiß und die Sprache müßte in deinem Strumpf der Not und in deinem Maul der Phantasie aufhören.« Den Kellerschlüssel braucht sie zum Erreichen und Betrachten ihrer Vorräte und der gesammelten »bleibenden Werte« oder, um sie zu zitieren: »Ich gebe nur Geld für Sachen aus, die auch morgen noch etwas wert sind, während du dein Geld ausschließlich zur Umwandlung von Zeit in Genuß ausgibst, wobei ich schon das Wort Genuß nur mit Frieren hören kann und es mich fast so ärgert wie das Wort Lust, Lust, wohlgemerkt, aus deinem Munde, du bleiernes Ungeheuer!«

Ich habe drei unsichtbare Schlüssel, einen Kopfschlüssel, einen Brustschlüssel und einen Fußschlüssel. Mit dem Kopfschlüssel öffne ich meine Sprache für die Tatsache, daß Trunksucht meine Todessucht zum Stehen brachte. Mit dem Brustschlüssel öffne ich meine Gefühle für die Tatsache, daß die Krankheit Trunksucht, nachdem ich sie erkannte und zugab, als ein Schutz vor einer noch größeren Bedrohung des einzelnen sich erwies, als solider Schutz vor neuer und dann tödlicher Überanpassung. Mit dem Fußschlüssel öffne ich meine Energie für die Tatsache, daß die Selbsthilfe in jeder nichtheilbaren Krankheit die Krankheit zum Stehen und den Kranken in Bewegung bringt, hin zu Leuten in seiner Lage und so hin zu sich selber und so hin zu Leuten außerhalb der Selbsthilfe. Dieser Weg ist der enge, schmale und steinige Weg, denn liebender zu erfassen, daß die ganz anderen Leute die entscheidenden sind für jede Selbsterkenntnis, ist nur um den Preis des Nichtmissionierens zu bekommen. Habe ich mich, endlich, zu einem Anfänger in der Selbsthilfe zurechtgeschunden?

LIED

Zum Gebet Nr. 39

Dir Fremdin unter den Frauen dieses Kontinents, dir Holden unter den Schönen dieser ausgeweideten Stadt, dir Einsamen unter den Einzelgängerinnen meiner lautlosen Nachbarschaft will ich ein Lied singen. Dir will ich singen, was mir mit einer Stimme allein, ohne deine Stimme, möglich ist heute.

Ich bin ein Mann, errettet durch erzählerische Kindheit in drei Reisen durch das Meer doppelgesichtiger Krankheit und aufgerichtet durch ein hohes Unglück zu Leben im Heute und inspiriert durch die Liebe mehrerer Frauen zu tiefer Liebe mit dir, Fremdin. So hohes Unglück, so tiefe Liebe zu dir.

Du bist schön, meine Freundin, schaue deine Schönheit ohne Zaudern in der Stille meiner Sprache, fühle deine Anmut in der Freude meines Singens, trinke deinen Mut aus der Fülle meiner Demut vor deinem Willen. Denn siehe, ein Blick aus deinen Augen macht aus meinem Staunen Wasser neuen Lebens.

Wie innig klingt der Klang deiner Stimme in meinem Inneren nach Wahrhaftigkeit, wie hell erschafft dein Geist frische Knospen des Zweifels, fragenderen Geist in meinen Einöden, wie gesättigt von Sinn ist deine Sinnlichkeit heute, da du mit deinen nie verletzenden Launen machtvoll mich bewegst.

Stürmisch nimmst du, nicht bedrängt, wo viele in Taten aus Liebe nichts vermochten, mit sanften Nichttaten aus Liebe, rasendem Verlangen, Falten von meinem Lehmgesicht. Welcher Leidenschaft bist du fähig, welche Keuschheit brandet beim Gestade deiner Lust, du Fremdin in dieser kältesten Stadt.

Dein Name ist wie ein Taifun durch meine Mängel. Namenlos, unbesiegt für immer soll er sein in diesem Lied, Geheimnis wie die Liebe das Geheimnis derer, die sich lieben. Deinen Namen sollen die Zeiten der Lieder, Anmutige, durch unsere Gezeiten der Vereinsamung singen, du in namenlosen Frauen.

(1977–1978)

ANHANG

ZU DER BEENDETEN TRILOGIE »ALKOHOLISMUS UND SELBSTHILFE«

> »Ende 1967 fand in Münster eine Podiumsdiskussion zwischen dem tschechischen Philosophen Milan Machovec, Karl Rahner und mir statt. Gegen Ende des Gesprächs erinnerte Machovec an Adornos Wort ›Nach Auschwitz gibt es keine Gedichte mehr‹ und er fragte mich, ob es denn für uns Christen nach Auschwitz noch Gebete geben könne? Wir können nach Auschwitz beten, weil auch in Auschwitz gebetet wurde. Wir Christen kommen niemals mehr hinter Auschwitz zurück; über Auschwitz hinaus aber kommen wir nicht mehr allein, sondern nur noch mit den Opfern von Auschwitz. Auschwitz standhalten heißt keineswegs, es begreifen. Wer hier begreifen wollte, hätte nichts begriffen. Nach Auschwitz darf es eigentlich keinen subjekt- und situationslosen theologischen ›Tiefsinn‹ mehr geben.«
>
> *J. B. Metz, Aus einem Vortrag in Frankfurt zum Reformationsfest (1978)*

Mit dem Buch »Gebete in die Gottesferne« konnte ich heute die Trilogie »Alkoholismus und Selbsthilfe« abschließen, im sechsten Jahr nach dem Beginn der Arbeit und unbetrunken vom ersten Tag an, heute genau so regelmäßig anwesend in der Alkoholiker-Selbsthilfe wie damals. Nicht der Glaube überwindet bei mir alles, denn mein Glaube ist schwankend und oft zermalmt, aber Selbsthilfe und das tägliche, subjekt- und situationsbestimmte Gebet haben mich fest in meiner frei gewählten Gruppe gehalten, und so überwand ich bis heute meine Gier nach der nächsten Flasche, nach der nächsten Ladung Tabletten, dem Doppelflug.

Mit dem Buch »Kapitulation. Aufgang einer Krankheit« (1977) erzählte ich von meinem ersten Schritt: Vom Kapitulieren vor der Macht des Alkohols über mich süchtigen Trinker, vom Kapitulieren vor der Macht der Tabletten über mich süchtigen Tablettenfutterer, vom Übergang aus meiner Ohnmacht in wachsende Machtlosigkeit, in gelingendes Leben im Heute durch eine Selbsthilfegruppe.

Mit dem Tagebuch »Der zerbrochene Schlaf« (1973 bis 1977) dokumentierte ich meinen zweiten Schritt in Genesung dank meiner nicht mehr heilbaren, aber zum Stehen gebrachten Krankheit: von meiner Anerkennung und öffentlichen Nennung derjenigen nichtsüchtigen, geistigen Fremdhelfer, ohne die ich das rettende Boot der Selbsthilfe mit Süchtigen niemals erreicht hätte, durch die Selbsthilfegruppe hinwiederum in die Welt der Nichtsüchtigen. – Dieses Tagebuch zeigt den Weg durch die ersten vier Jahre ohne Rückfall, in so oft entgleister Form und in so gravierenden eigenen Mängeln und unangenehmen eigenen Charakterzügen, daß ich oft tief getroffen war, als kritische Leute nun in Rezensionen des Tagebuchs mir mein eigenes Gesicht, das ich doch selber publiziert hatte, nüchtern zeigten. So schwer ist es, selbst für willige Kranke in der Truppe, Tatsachen zu sehen, wie sie sind, um (nur so) dann weitere, kleinste Schritte in mehr Genesung zu finden.

Mit der Chronik »Gebete in die Gottesferne« erzähle ich von meinem dritten Schritt dank der Krankheit: von der Entfachung eines persönlichen, geistlichen Funkens in meinem Inneren und in meinem Alltag und in meiner Sprache, zum Übertritt aus der langen, qualvollen Trockenheit ins

Nüchternwerden und Nüchternbleiben – so lange ich widersprüchlicher und unberechenbarer Mensch willig bleibe, in der Selbsthilfegruppe mir zu helfen, indem ich anderen helfe.

Diese drei Schritte sind in diesen drei Büchern erzählerisch dargelegt, mit allen meinen Anfängerängsten, persönlichen Schwächen und Überreaktionen im Schlechten, auch mit Erfolgen im Besseren.

Diese Trilogie besteht aus Krankensprache. Krankensprache zeigt die kranken Verhaltensweisen von Kranken, die sich mit Erfolg der Flucht vor Fakten widersetzen, mit peinigender und nur so identifikationsfähiger Eindeutigkeit.

Es geht bei Alkohol- und Tablettensucht hauptsächlich nicht um Alkohol und Tabletten und nicht um das Trinken, es geht um den einzelnen Kranken, es geht um die einzelne Person. Das ist die deutliche Lehre, die ich meiner Krankheit und der Gruppenselbsthilfe verdanke.

Damit gewinnt für mich das Gebet eine frische Bedeutung: denn ich bete nicht, weil ich Glauben oder irgendeine besondere Einsicht gewönne, nein, der alleinige Nutzen, Sinn und Zweck meiner kirchenlosen, selbstgemachten und nur auf die Krankheitssituationen streng hingeordneten Gebete heißt ebenfalls Selbsthilfe, Gebetsselbsthilfe zum festen Bleiben in der Alkoholiker-Selbsthilfe.

Ich danke meiner Angst, der Energie zur Sprache. Ich habe von meiner Erfahrung gegessen. Wer mitessen will, der greife zu. Der Tisch ist reich gedeckt und je mehr einer vom Tisch der Selbsthilfe nimmt, um so reicher wird der Tisch. Wen einzelne Dinge auf dem Tisch stören, der möge klug sein, sie einfach übergehen, dafür aber von den anderen Dingen sich reichlich nehmen, die ihm schmecken. Jedem wünsche ich ausreichendes Selbstbewußtsein durch Mitbewußtsein mit unfertigen Kranken, damit er sich mit geistigem Vergnügen dort bedient, wo es ihm mundet, denn sein Mund als Ort der Sprache ist noch unendlich wichtiger als meine Sprache. Wen Gott in dieser Trilogie ernstlich stört, selbst in meinen Minima, der möge sich frei und unbesorgt an die anderen gemachten Erfahrungen halten, die ihn nicht stören. Das ist bewährte Gruppenpraxis, übrigens.

Von ganzem Herzen danke ich Gudrun Kreuzeder in Irlach/Obb. Ihr erzählte ich im März 1977 einige der hier nun geschriebenen Geschichten. Gudrun sagte damals: »Schreibst die net auf, diese Materln? Die tetn mich schon narrisch intressirn! Es ist ja hirnschön, wie du als einer ohne Kirchn mir, einer Katholikin, die heftigsten Ermunterungen machst mit deine Materln, du mit deiner spinnertn Phontasie und mit dein Kinikram, den wo du von deiner Juljanna glernt host, goi?« – »Gudrun, ich habe nur eins gelernt, das Nichtsaufen hab ich gelernt. Alles andere siehst du vielleicht doch etwas zu günstig«, sagte ich, aber Gudrun sagte heftig: »Ah, geh weida! Schreib sie auf, deine Materln, die werdn net nur I und der Wastl lesen, dös riach I scho!« Die Anregung Gudruns ließ meine damals doch sehr zaghafte Idee zu einer solchen Chronik zum Plan werden. Ich hatte Angst, Anstoß zu erregen. Durch Gudruns Heftigkeit akzeptierte ich dann schließlich diese Angst.

Frankfurt/M., den 3. April 1979 *E.H.*

AUSFÜHRLICHES INHALTSVERZEICHNIS

Erstes Buch:

Gebete in die Gottesferne (1949–1977) 9

Fluggesicht 11

Nr. 1 Gebet am Feldrand (1949) 14

Nr. 2 Gebete meiner Kapitulation als Alkoholiker (1973) 14

Nr. 3 Gebet im Suchtdruck (1973) 14

Nr. 4 Kampfgebet (1973) 14

Nr. 5 Gebet im Mißtrauen (1973) 14

Nr. 6 Lehmgebet (1973) 14

Nr. 7 Gebet im Nichtverstehen Gottes (1973) 14

Nr. 8 Gebet um Halt in Gruppenselbsthilfe (1974) . 15

Nr. 9 Gebet um einen fragenderen Geist (1974) 15

Nr. 10 Gebet in der Werkstatt der Phantasie (1974) 15

Nr. 11 Wider Entrüstung (1974) 15

Nr. 12 Nimm Wohnung, Gekreuzigter, im Haus meiner Mängel (1974) 15

Nr. 13 Gebet um Wirkung (1974) 16

Nr. 14 Gebet um Vertrauen (1974) 16

Nr. 15 Gebet um Mut zum Möglichen (1975) 16

Nr. 16 Dankgebet in Freude vor Juliana von Norwich (1975) 16

Nr. 17 Gebet um Freundschaft (1975) 17

Nr. 18 Inventurgebet (1975) 17

Nr. 19 Gebet im Faktor Zeit (1976) 17

Nr. 20 Auf der Schutthalde (1976) 17

Nr. 21 Dankgebet (1976) 17

Nr. 22 *Wider den Terror in mir selber (1976)* 17
Nr. 23 *Gebet in der inneren Ummauerung (1976)* .. 18
Nr. 24 *Gebet in Ungeduld (1976)* 18
Nr. 25 *Gebet um einen Gesang (1977)* 18
Nr. 26 *Dankgebet (1977)* 18
Nr. 27 *Gebet im Erleben der Machtlosigkeit (1977)*.. 18
Nr. 28 *Gebet um Nüchternheit (1977)* 18
Nr. 29 *Gebet in beständiger Umsteigergefahr (1977)*. 18
Nr. 30 *Gebet um mehr Wirklichkeitssinn (1977)* 19
Nr. 31 *Gebet im Verrutschen meines inneren Gesteins (1977)* 19
Nr. 32 *Unterwegs zum Hengschan (1977)* 19
Nr. 33 *Dankgebet (1977)* 19
Nr. 34 *Gebet in Julianas Zelle in Norwich (1977)* 20
Nr. 35 *Gebet in der Nähe Julianas (1977)* 20
Nr. 36 *Gehaucht an die vier Wände Julianas (1977)* .. 20
Nr. 37 *Drei Bitten in Julianas Zelle (1977)* 20
Nr. 38 *Du, neben mir (1977)* 20
Nr. 39 *Dankgebet im inneren Erwachen (1977)* 21

Zweites Buch:

Liebreichs Chronik (1977–1978) 23
Saint-John Perse: Trockenheit 24
Minima theologica 25
Impulse der Liebe 45
Jetzt, in der Nacht 53
Bejahte Hoffnungslosigkeit 58
Runde 60
Lehm 61
In der Wildnis der Welt 62
Schleifer Rudi 63
Strophe 66

In der Werkstatt der Phantasie 67
Paranoia 69
Abschied von Herrn Ginster 70
Preisung eines Unglücks 72
Statt Valium 77
Inschrift 80
Meine Motive 83
Heimat 84
Beschenkt 88
Thema Selbsthilfe 89
Omen 93
Entsetzen 94
Karwoche 95
Innere Gefangenschaft 99
Steingut 105
Auf einem langen Weg 107
Hommage auf den Thomas von Kempen 118
Persönlichkeitsbrüche 119
Liebe hat Zitate 122
Für Sterns Christian 124
Meine nichtgeschäftlichen Begriffe 125
Anregung 127
Bangigkeit 127
Chance 129
Demut 131
Einsicht 133
Freude 135
Geist 137
Heiterkeit 137
Innigkeit 138
Jetzt 140
Katholizität 142

Leben 143
Musik 143
Nacht 145
Offenbarung 146
Prüfung 147
Quelle 150
Roswitha. Erfahrung ihres Namens 152
Sucht 153
Trost 154
Ursprung 155
Verantwortung 155
Welt 156
Xenie 157
Yin 157
Zuversicht 159
Abschied von der Mutter 160
Von der Entstehung des Worts 162
Nachtleben 164
Ferne und Nähe 168
Innere Inventur 169
Der achte Kontinent 173
Freiheit 177
Drei Schlüssel 185
Lied 187

Anhang 189
Zu der beendeten Trilogie »Alkoholismus und Selbsthilfe« 191